Juan Damian Silva Galinfo
Francisco Lozada
Elizabeth Amador

Uso de Bases de datos relacionales

Juan Damian Silva Galinfo
Francisco Lozada
Elizabeth Amador

Uso de Bases de datos relacionales

Análisis y Diseño de Sistemas

Editorial Académica Española

Imprint
Any brand names and product names mentioned in this book are subject to trademark, brand or patent protection and are trademarks or registered trademarks of their respective holders. The use of brand names, product names, common names, trade names, product descriptions etc. even without a particular marking in this work is in no way to be construed to mean that such names may be regarded as unrestricted in respect of trademark and brand protection legislation and could thus be used by anyone.

Cover image: www.ingimage.com

Publisher:
Editorial Académica Española
is a trademark of
International Book Market Service Ltd., member of OmniScriptum Publishing Group
17 Meldrum Street, Beau Bassin 71504, Mauritius
Printed at: see last page
ISBN: 978-620-0-32901-1

Contenido

Introducción

En el continúo asesoramiento de proyectos finales en donde he tenido la fortuna de asesorar para las materias de Bases de Datos, análisis y diseño de sistema de información y por último en Ingeniería de software, me he encontrado con innumerables ideas y temas interesantes de parte de mis alumnos los cuales han desarrollado. Me sugirieron hacer una recopilación de los proyectos finales más significativos siempre y cuando hayan participado en el concurso de investigación desarrollo e innovación tecnológica (CIDIT) de la Universidad la Salle.

No fue una tarea fácil seleccionar los artículos que ahora les presento pensando en que todos los proyectos desarrollados por el alumnado deben de cumplir requisitos acordes a la facultad de ingeniería y de la materia misma sobre la cual fue desarrollado cada proyecto. Los siguientes 3 artículos de los cuales les haré un resumen, se realizaron en un semestre, todos ellos fueron desarrollados por los alumnos y fueron asesorados y supervisados por quién escribe. El producto final de todos los proyectos es el desarrollo de una aplicación y un artículo, el cual es presentado en el CIDIT, es el conjunto de estos 3 artículos los cuales se presentan en están recopilación.

El primer artículo es un proyecto desarrollado para la materia de Base de datos, el objetivo del proyecto es diseñar e implementar en una base de datos relacional un modelo de distribución, además se desarrolla una solución implementada la cual permite la administración adecuada de las rutas de entrega a las diferentes sucursales, se considera la generación de las rutas en forma efectiva con el uso de © Google Maps. En este proyecto se usa la combinación de una base de datos relacional para guardar la información necesaria en el modelo de negocios y una aplicación en Java que permite generar las rutas óptimas de distribución.

El segundo artículo también es un proyecto desarrollado para la materia de Base de datos, el objetivo del proyecto es diseñar e implementar en una base de datos relacional el sistema neuroendocrino, se desarrolla una aplicación para computar por medio de métodos numéricos y ecuaciones diferenciales el modelo de comportamiento de la comunicación celular. La aplicación fue desarrollada en JAVA y permite hacer la simulación de las hormonas, para verificar los efectos que tiene aplicar el antagonista de la hormona, observando el resultado en curvas de dosis-respuesta.

En ambos proyectos se cuidan los aspectos más importantes que se deben de cubrir al implementar una base de datos relaciones:

1) La base de datos debe estar en tercera forma normal.
2) Se debe de tener un modelo de seguridad para que sólo el dueño de la base de datos tenga acceso a todas las tablas.
3) Existen tablas históricas que permiten llevar el control de las operaciones de inserción, actualización y borrado, en caso de necesitarse llevar una auditoría posterior.
4) La aplicación debe llevar el control de las transacciones.

El último artículo es un proyecto realizado para la materia de análisis y diseño de sistemas, el objetivo es realizar el análisis y diseño de sistemas bajo la metodología RUP de una temática real, en este caso el tema es dirigido a un músico, el cual puede crear diferentes piezas musicales, se desarrolla una aplicación la cual le podría permitir saber el curso de aceptación que tendrían sus composiciones ante el público, es decir el posible rating que tendrá y así saber si será puesta para escucharse en las estaciones radiofónicas.

El proyecto al estar basado en RUP se documentan los requerimientos bajo la clasificación de FURPS+ y se desarrollan los siguientes diagramas en UML:

1) Casos de Uso
2) Diagramas de secuencia
3) Diagrama de estados
4) Diagrama de navegación.
5) Diagrama de clases.
6) Diagrama de despliegue.

La aplicación se implementa en el modelo vista controlador.

El desarrollo de los 3 artículos se presenta en el siguiente orden:

1) Introducción
2) Marco Teórico
3) Desarrollo
4) Resultados
5) Conclusiones
6) Bibliografía

A continuación, se presenta cada uno de ellos en su redacción original.

Diseño de una base de datos para una empresa de distribución.

Co autores: Amador Bassaure Elizabeth, González Cárdenas Verónica, Camacho Peralta Karla Jimena, Macedo Franco Emmanuel

Introducción

Una interfaz gráfica de un manejador de Base de Datos es una herramienta de uso sencillo y eficaz con un diseño interactivo y fácil de manejar con distintos tipos de usuarios que se enlistarán a continuación:

1. Administrador. - Puede hacer uso de todas las funcionalidades de la aplicación, mismo que se explicará posteriormente.

2. Usuario. – Es la persona que, usando una ventana, recupera datos de la base, para seleccionar una ruta de entregas de pedidos de alguna empresa o fábrica, en este caso se tomó el ejemplo de una empresa de distribución por practicidad, el programa mostrará con la ayuda de Google Maps, un mapa en pantalla donde se presenta el mejor camino a seguir para completar la ruta de entrega a diferentes tiendas de dicha ruta.

Se decidió hacer este tipo de interfaz ya que con ello se podía crear una experiencia más personal con los usuarios, creando una aplicación que facilite la planeación y manejo de una empresa ya sea pequeña o grande, ayudando así a tener una mejor calidad de servicio.

Marco Teórico

Se detallarán las partes por las que se compone una base de datos, así como las herramientas que se utilizaron para llevar a cabo este proyecto:

Una base de datos se compone por 4 partes:

- **Utilerías. -** Acceso a la base de datos visualizar gráficamente.
- **Usuarios. –** Existen 4 tipos de usuarios: los que acceden a la información contenida en la base de datos, Programadores de APP, Usuarios finales y DBA [2].
- **DBMS. -** Manejador de la base de datos
- **Datos. -** Consultar, recopilar datos organizados protegidos por el manejador deben de ser integrados y compartidos

Los objetivos de una base de datos son evitar la duplicación de datos, y debe cumplir estándares de como nombrar usuarios, campos y tablas de datos, todo esto por medio del lenguaje SQL (Structured Query Language) el cual es un lenguaje de programación estándar e interactivo para la obtención y actualización de información desde una base de datos. El diseño de esta es importante ya que cada tabla corresponde a una sola entidad o relación, las tuplas de la tabla corresponden a una única ocurrencia de la entidad. Se tiene una llave primaria es una identificación individual única de las ocurrencias de una entidad para evitar que se encime la información y se pierdan datos importantes [1].

La siguiente parte importante del proceso al crear una base de datos es la normalización que es el proceso de aplicar principios de diseño a las estructuras de datos para que ajusten las expectativas y con esto prevenir que los datos se repitan, problemas de actualización y las dependencias de datos sean lógicas.

Una vez que se obtiene la abstracción de datos se realiza el diagrama llamado Entidad-Relación, en él se tienen tablas de la base de datos y sus relaciones.

Para poblar la información de las tablas se pretende activar un desencadenador para que en el momento en el de realizarse cambios en las tablas exista una bitácora de cambios para las altas como las actualizaciones dentro de la base de datos. La información se introduce y se actualiza vía la interfaz gráfica construida. El cuerpo de un trigger o disparador está diseñado para manejar estos cambios, para que se puedan aplicar de forma adecuada después de que se completen los cambios en el código de la aplicación.

Se utilizó la herramienta Java que es la base para prácticamente todo tipo de aplicaciones en red y es el estándar mundial para desarrollar y entregar software empresarial, contenido web, juegos y aplicaciones móviles. Java disfruta de un ecosistema grande y maduro con un fuerte soporte de herramientas. Java ofrece portabilidad de aplicaciones y un rendimiento robusto en muchos entornos informáticos.

Los componentes de Java SE son Java Development Kit (JDK), Java Runtime Environment (JRE) y Java SE interfaz de programación de aplicaciones (API). JDK contiene el JRE y los compiladores y depuradores necesarios para el desarrollo de applets y aplicaciones [2]. JRE proporciona las bibliotecas, la Máquina Virtual Java (JVM) y los componentes necesarios para ejecutar aplicaciones y applets Java (Figura 1).

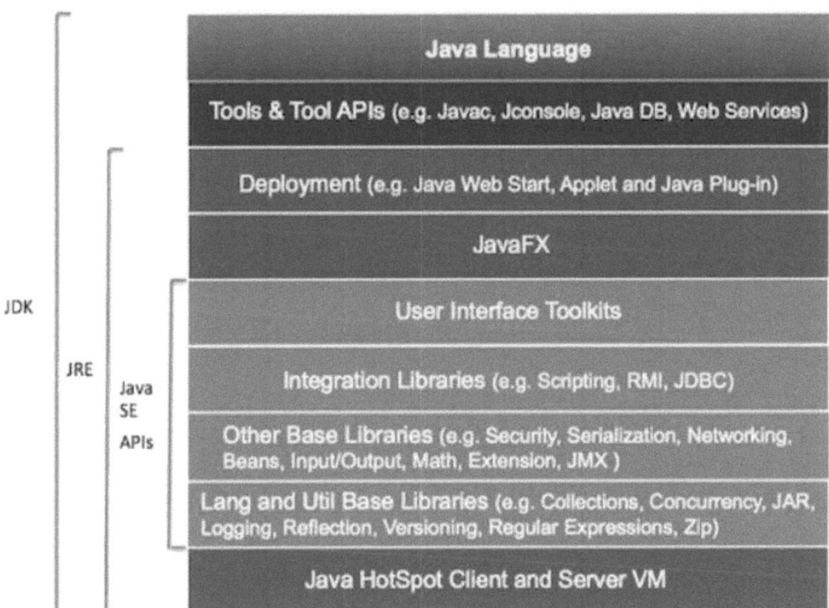

Figura 1. Componentes de Java, descargado de https://www.oracle.com/technetwork/topics/newtojava/documentation/index. html

Para la parte gráfica la "GUI" es un tipo de interfaz de usuario que permite a los usuarios interactuar con dispositivos electrónicos a través de iconos gráficos e indicadores visuales tales como notación secundaria, en lugar de interfaces de usuario basadas en texto. Las acciones en una interfaz gráfica de usuario generalmente se realizan mediante la manipulación directa de los elementos gráficos. Esto sirve para que el usuario pueda interactuar con la información que se requiere [3].

Se utilizó Google Maps que es un servicio de mapas web desarrollado por Google. Ofrece imágenes de satélite, mapas de calles, vistas panorámicas de calles de 360 ° (Street View), condiciones de tráfico en tiempo real (Google Traffic) y planificación de rutas para viajar a pie, en automóvil, en bicicleta (en beta) o en transporte público.

Google Maps API es una interfaz de programación de google que permite incorporar los mapas de este desarrollador a una aplicación ya sea WEB, IOS, Android. La utilizada en este proyecto fue Matrix API que computa la distancia y la duración de viajes entre varios orígenes y destinos según determinados modos de viaje [4].

Este servicio no devuelve información detallada sobre rutas. La información sobre rutas, incluidas las polilíneas y las indicaciones textuales, puede obtenerse pasando el origen y el destino deseados al servicio de indicaciones.

El acceso al servicio de matriz de distancia es asincrónico, ya que la Google Maps API debe realizar una llamada a un servidor externo. Por esta razón, a fin de procesar los resultados, se utiliza un método *callback* para la ejecución al completarse la solicitud.

En la respuesta de matriz de distancia se incluyen un código de estado para la respuesta en conjunto y un estado para cada elemento.

Para optimizar la distancia se recurrió al algoritmo "Waypoints optimize" que permite optimizar la distancia recorrida en un viaje y obtener el tiempo en el que es recorrido. Debe incluir el modo de la ruta de viaje y dos waypoints consecutivos coordinados desde la respuesta hasta los Waypoints Sequence Extensión API.

La ventana de tiempo constraint define el tiempo en que abre o tiempo límite para recibir el producto en los puntos o citas especificas en cada waypoint. El servicio de tiempo indica la longitud de tiempo entre el waypoint de llegada y salida. Los tiempos de servicio son tomados en cuenta para tomar la ruta óptima en la secuencia de waypoints.

Para facilitar la llegada a los clientes se agregó la herramienta "Google street view" que es una presentación de Google Maps y de Google Earthque proporciona panorámicas a nivel de calle (360 grados de movimiento horizontal y 290 grados de movimiento vertical), permitiendo a los usuarios ver partes de las ciudades seleccionadas y sus áreas metropolitanas circundantes.

Desarrollo de la base de datos

En esta sección se detalla la realización del programa para una empresa de distribución, creando tablas que respeten las formas normales, por medio de tablas que cumplen con los estándares de normalización con sus respectivas tablas históricas y llaves primarias.

Utilizando la plataforma JAVA con el IDE Netbeans para la interfaz gráfica, Matrix API de Google para la implementación del mapa y SQL Developer para el Script [5].

A continuación, se enlistan los datos que contendrá la base de datos (Figuras 2,2.1, 3,3.1,3.2, 3.3 y 3.4):

1. Direcciones de clientes.
2. Plantas, sucursales y sucursales propias.
3. El nombre y teléfono de contacto de cada cliente.
4. La nómina, pagos, quincenas y seguros de los empleados.
5. Los productos creados, llevados y asegurados por la propia empresa.
6. Los camiones surtidores con sus conductores, acompañantes y destinos. Los convenios con las empresas clientes al igual que con las aseguradoras para los trámites de los empleados.

Resaltando para cada uno de los datos anteriores lo siguiente:

Distribución. - Tabla principal que contiene los datos de razón social, persona de contacto, teléfono y dirección.

Razón Social. - Descripción de cada razón social

Planta. - Contiene número de planta, clave de dirección, clave de nombre de contacto, y clave de la empresa de distribución. Para poder controlar el número de plantas que tiene la empresa.

Corporación. - Descripción de la corporación y clave de la razón social. Para poder saber si las tiendas a surtir son de la misma corporación.

Empresa. - Clave de nombre de contacto, clave de dirección, clave de teléfono, clave del corporativo, clave de la razón social. Para poder registrar el nombre de las empresas cliente o con las que se tiene algún convenio.

Empleado. - Puesto, clave persona, clave planta, clave nómina, clave empresa de distribución. Como empresa se debe tener un registro de los empleados.

Conductor. - Clave conductor y clave de empleado. Saber que empleados son conductores de qué camión.

Acompañante. - Clave de acompañante y clave de empleado. Si el conductor del camión tiene acompañantes o entrega solo.

Camión. - Número de camión, placa, litros de gas, clave de conductor, clave de acompañante, numero de diablitos, clave planta. Saber que camión se mueve con qué conductor, al igual saber de qué planta salió.

Origen Destino. - Distancia, clave camión, duración. Tabla que ayudará a guardar los datos obtenidos de Google Maps para dar una ruta eficiente.

Negocio. - Nombre de negocio, clave de nombre de contacto, clave de teléfono, clave de dirección. Si el cliente no tiene razón social o no es una empresa como tal, se registrará como un negocio.

Sucursal. - Número de sucursal, nombre de la sucursal, clave empresa, clave dirección, clave nombre de contacto. Si una empresa tiene más de 1 sucursal, saber a dónde se enviarán los productos.

Producto. - Nombre producto, precio fabrica, precio comercial, contenido en ml, fecha elaboración y fecha caducidad. Tener un control de los productos que se elaboran en la fecha y lugar.

Cliente. - Tipo de cliente, clave persona, clave dirección, clave teléfono, clave máquina, clave sucursal, clave negocio. Poder saber qué tipo de cliente es (Formal o Informal), saber si se le dio máquina expendedora.

Máquina expendedora. - Dinero ingresado, dinero recibido, dinero final, folio. Registrar el dinero ingresado y el folio que se le asignó.

Convenio. - Fecha inicio, fecha fin, descripción del convenio, monto y clave del producto perteneciente al convenio. Saber si una empresa tiene un convenio, saber cuándo inició y de que trata el convenio.

Como complemento a estas tablas y para generar una base más dinámica y completa se decidió incluir:

- Triggers de autoincremento de llave primaria, y colocación de datos en históricos al insertar, actualizar y borrar registros de las tablas.
- Validación en campos de llaves primarias y foráneas. El campo fecha como llave alterna.
- Cifrado utilizando el método Hashing en el campo contraseña para garantizar la seguridad del usuario. Si por algún motivo los datos de la base son robados, los datos del usuario están protegidos al no poder ser leídos [6].
- Auditoria a las tablas que son puntos clave para las llamadas de pedido, ruta, cliente y planta, las cuales son consideradas de mayor importancia por ser las que se ocupan para la aplicación gráfica [7].
- Transacciones para garantizar la consistencia de la base de datos, la ruta calculada por google Maps (Figura 8) que no se guardará hasta que se confirme.
- Interfaz gráfica creada en un entorno de programación ya conocido por los alumnos para manejar dinámica y eficazmente los datos con el lenguaje de java [8].

Utilizar los datos de la tabla origen, destino, para poder crear una ruta óptima con la inclusión de Google Maps para que la aplicación muestre el mapa en tiempo real y el usuario pueda seleccionar las tiendas a las cuales se debe surtir, arrojando los datos de distancia y duración del trayecto (Figura 4); con estos datos se podrá crear la mejor ruta.

Resultados

En esta sección se muestra la arquitectura de la base de datos diseñada para su ejecución deseada de la aplicación.

En las Figuras 2, 2.1, 3, 3.1, 3.2, 3.3 y 3.4 se muestran los datos que contiene la base de datos para su buen funcionamiento, tal como se mencionó en la sección de desarrollo.

Una vez iniciada la aplicación se colocan las direcciones: origen, destino y la de los clientes (Figura 5). Al oprimir el botón de "Calcular Ruta", nos muestra el tiempo y distancia total de la ruta, si la ruta no es del agrado del usuario puede oprimir el botón de Crear nueva ruta, generando direcciones nuevas al azar.

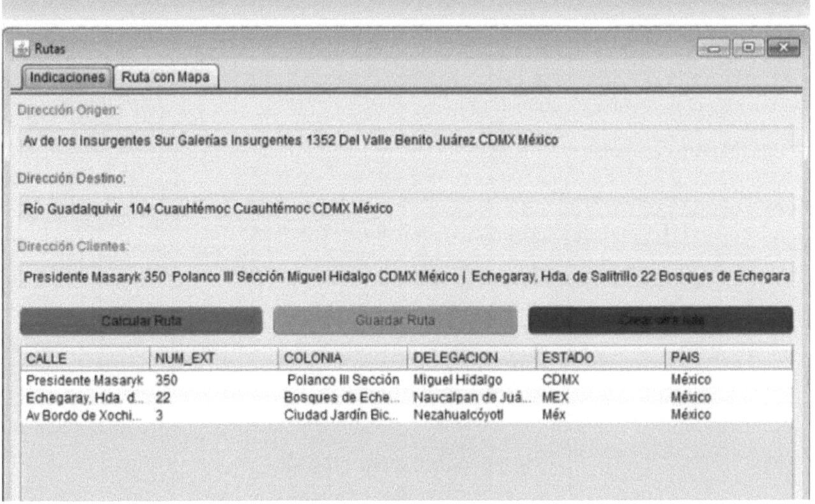

CALLE	NUM_EXT	COLONIA	DELEGACION	ESTADO	PAIS
Presidente Masaryk	350	Polanco III Sección	Miguel Hidalgo	CDMX	México
Echegaray, Hda. d...	22	Bosques de Eche...	Naucalpan de Juá...	MEX	México
Av Bordo de Xochi...	3	Ciudad Jardín Bic...	Nezahualcóyotl	Méx	México

Figura 5. Nueva ruta

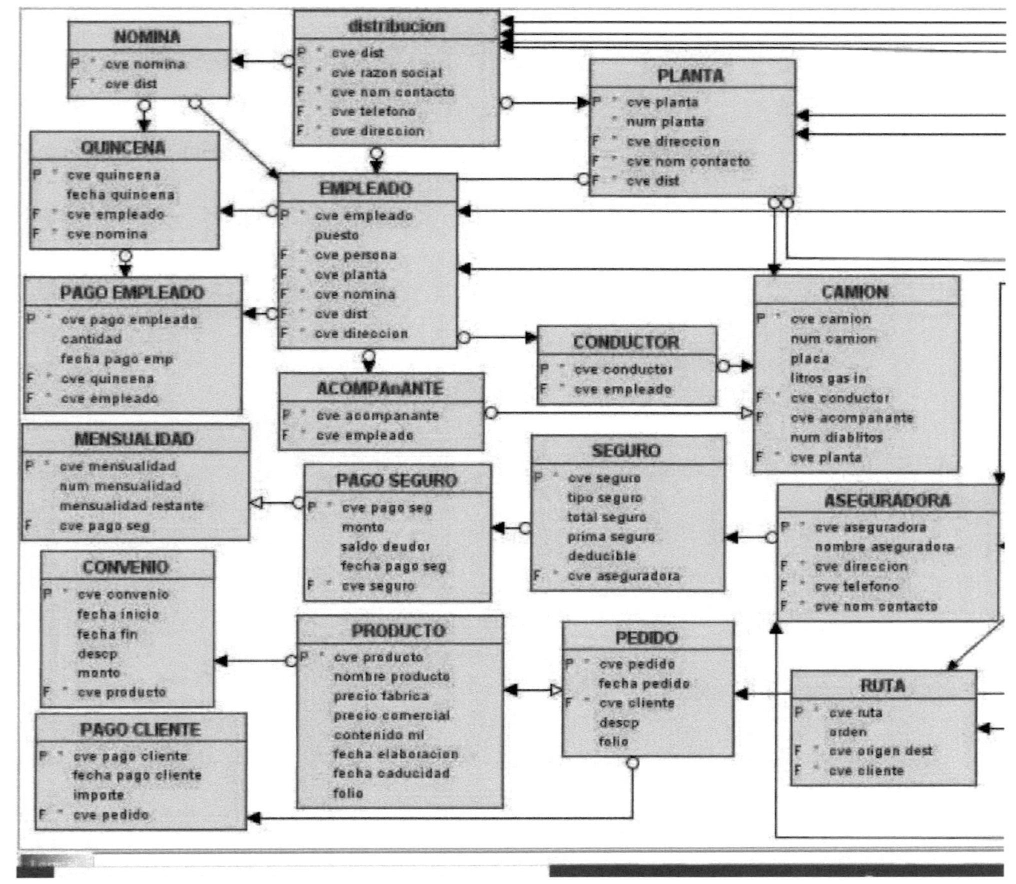

Figura 2. Modelo Lógico.

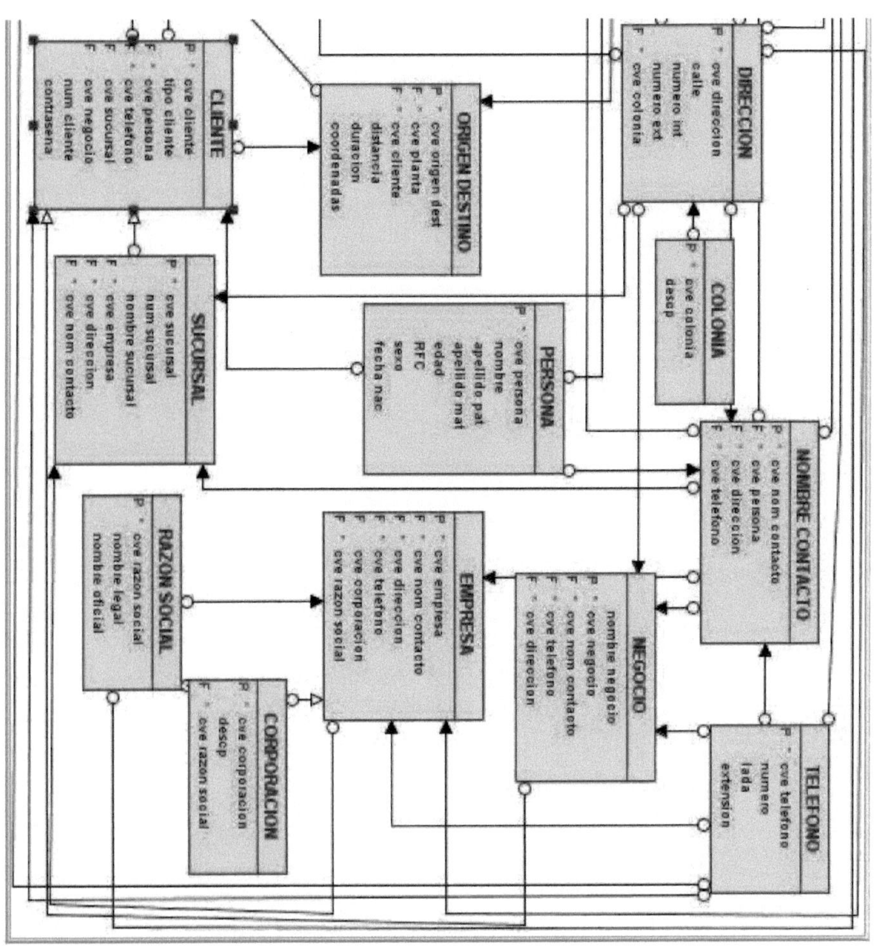

Figura 2.1 Modelo Lógico.

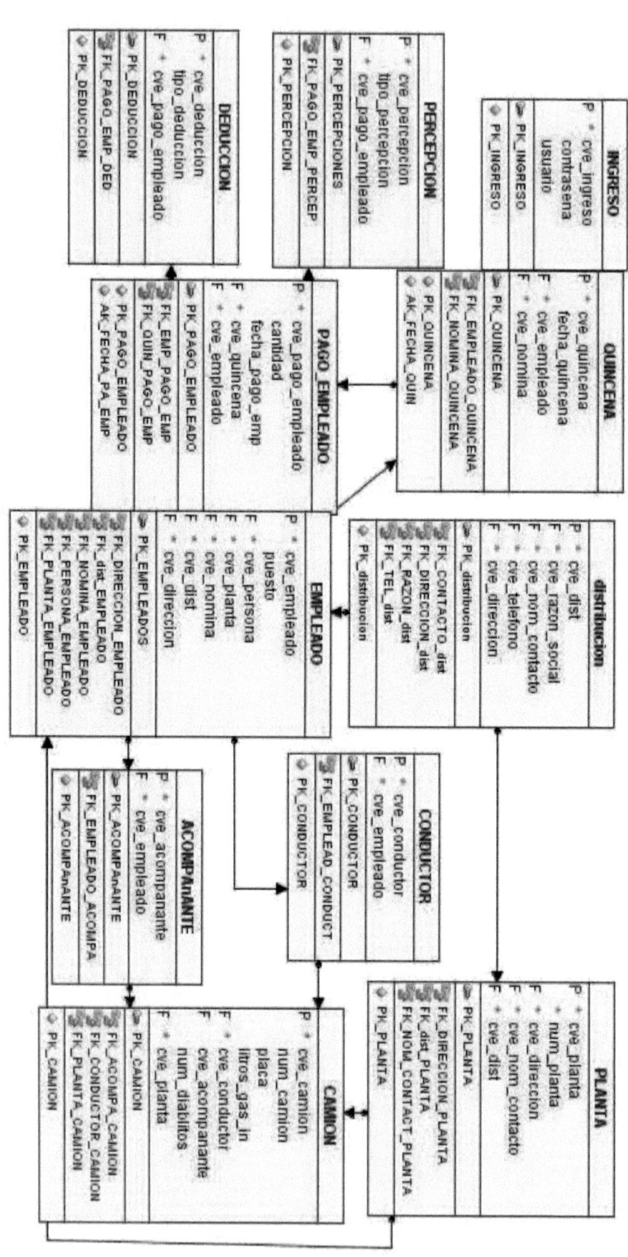

Figura 3. Modelo Físico.

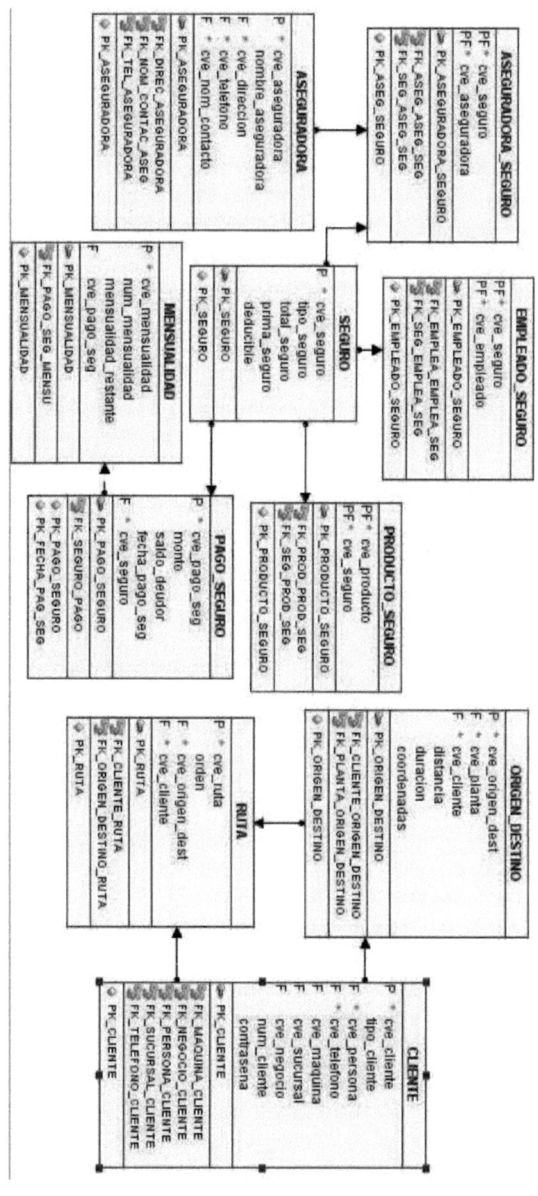

Figura 3.1 Modelo Físico.

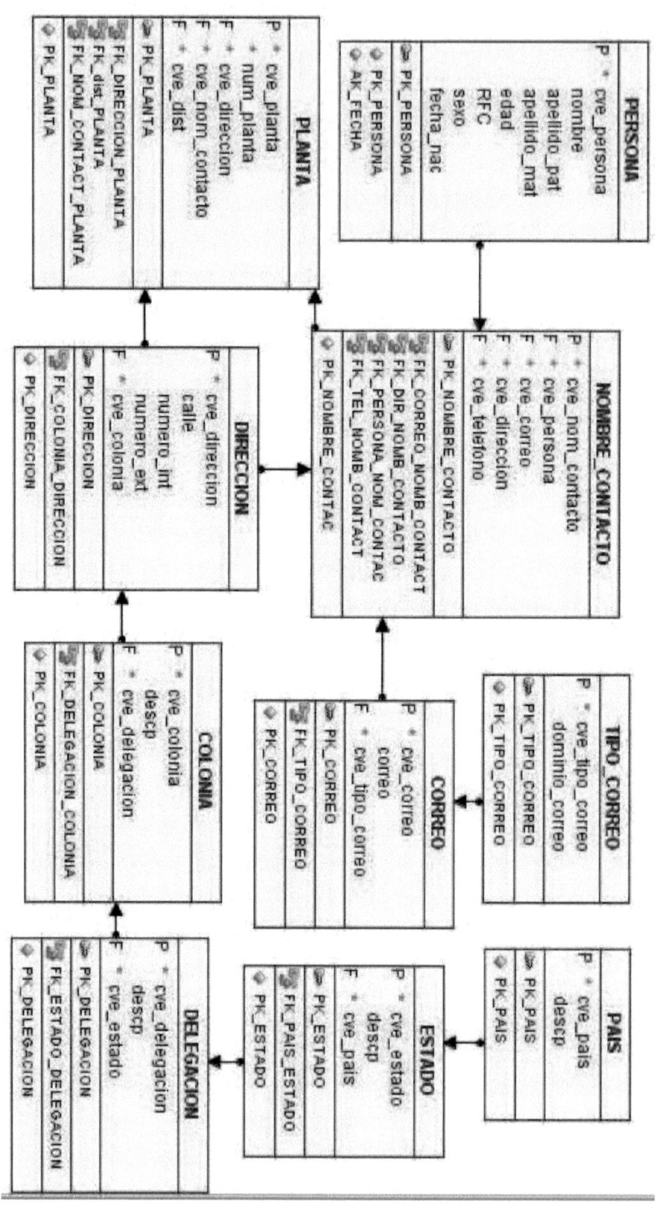

Figura 3.2 Modelo Físico.

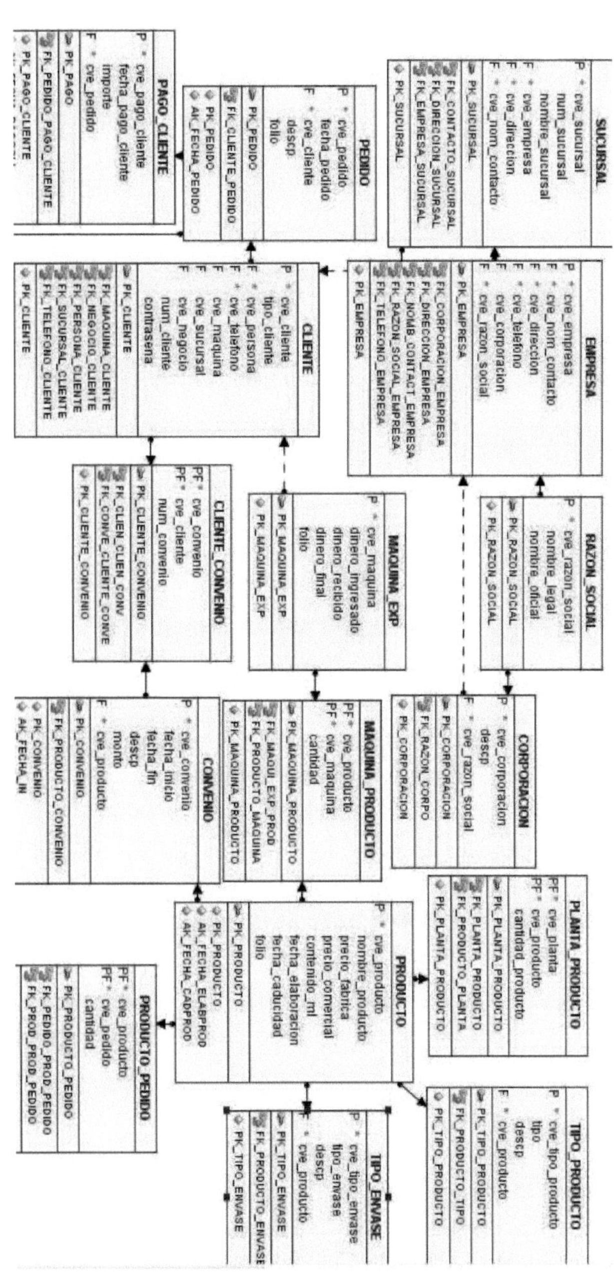

Figura 3.3 Modelo Físico.

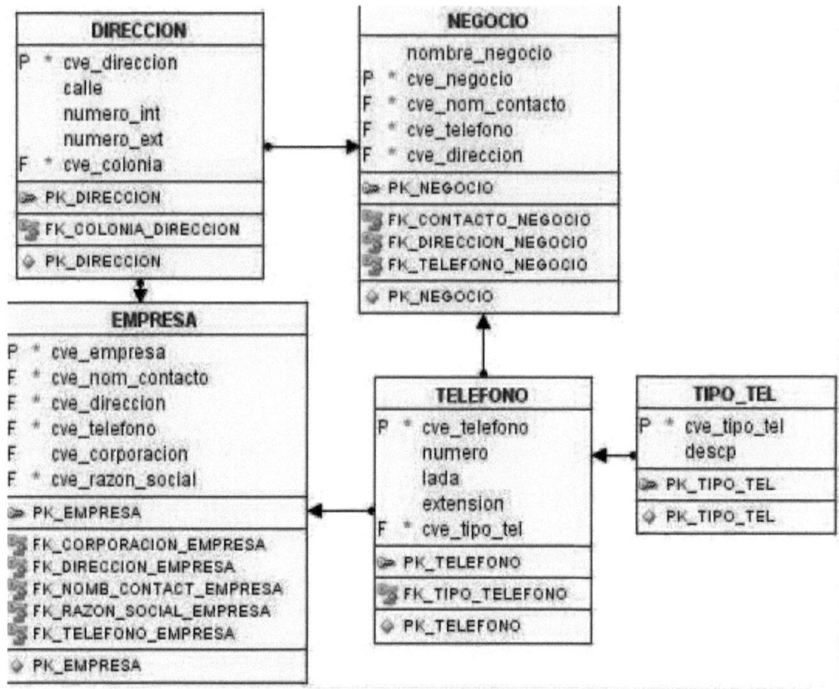

Figura 3.4 Modelo Físico.

En la Figura 4 se muestra la pantalla principal de la aplicación de "Rutas" anteriormente mencionada, esta aplicación fue diseñada para los choferes de los camiones. Las rutas son elegidas al azar, sin darle oportunidad al chofer de elegir las direcciones de su preferencia.

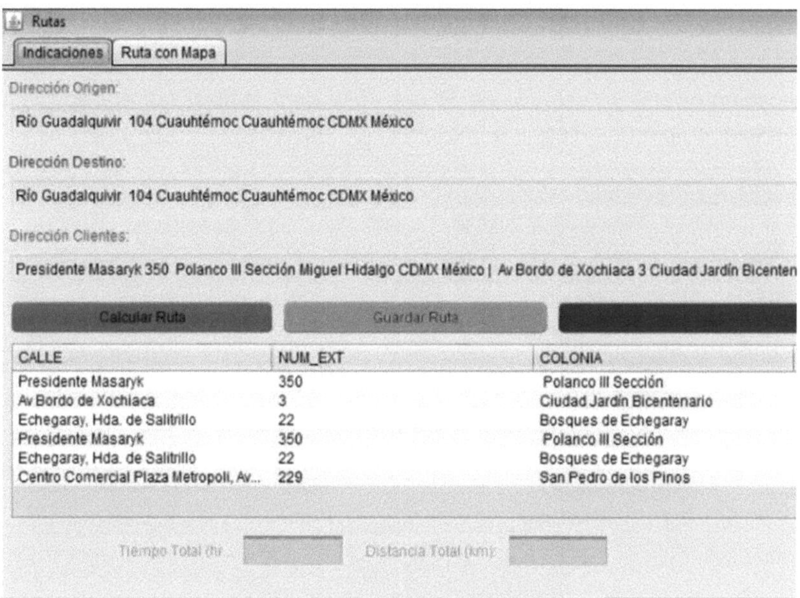

CALLE	NUM_EXT	COLONIA
Presidente Masaryk	350	Polanco III Sección
Av Bordo de Xochiaca	3	Ciudad Jardín Bicentenario
Echegaray, Hda. de Salitrillo	22	Bosques de Echegaray
Presidente Masaryk	350	Polanco III Sección
Echegaray, Hda. de Salitrillo	22	Bosques de Echegaray
Centro Comercial Plaza Metropoli, Av...	229	San Pedro de los Pinos

Figura 4. Tiempo y distancia

A continuación, en la Figura 6 se muestran las indicaciones que el chofer debe seguir para llegar a cada uno de los destinos (clientes).

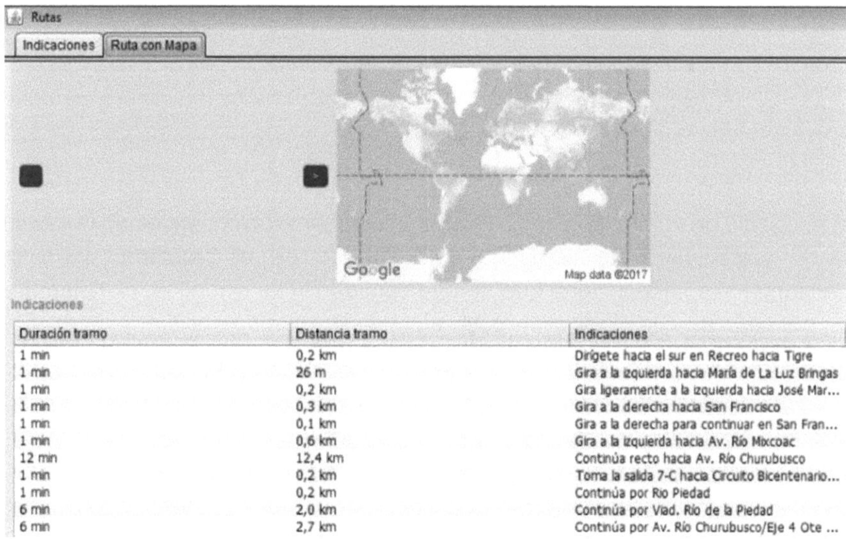

Duración tramo	Distancia tramo	Indicaciones
1 min	0,2 km	Dirígete hacia el sur en Recreo hacia Tigre
1 min	26 m	Gira a la izquierda hacia María de La Luz Bringas
1 min	0,2 km	Gira ligeramente a la izquierda hacia José Mar...
1 min	0,3 km	Gira a la derecha hacia San Francisco
1 min	0,1 km	Gira a la derecha para continuar en San Fran...
1 min	0,6 km	Gira a la izquierda hacia Av. Río Mixcoac
12 min	12,4 km	Continúa recto hacia Av. Río Churubusco
1 min	0,2 km	Toma la salida 7-C hacia Circuito Bicentenario...
1 min	0,2 km	Continúa por Rio Piedad
6 min	2,0 km	Continúa por Viad. Río de la Piedad
6 min	2,7 km	Continúa por Av. Río Churubusco/Eje 4 Ote ...

Figura 6. Mapa

La aplicación ofrece un servicio de Street View para facilitar las entregas y evitar que el chofer se pierda o llegue a una dirección equivocada (Figuras 7 y 8).

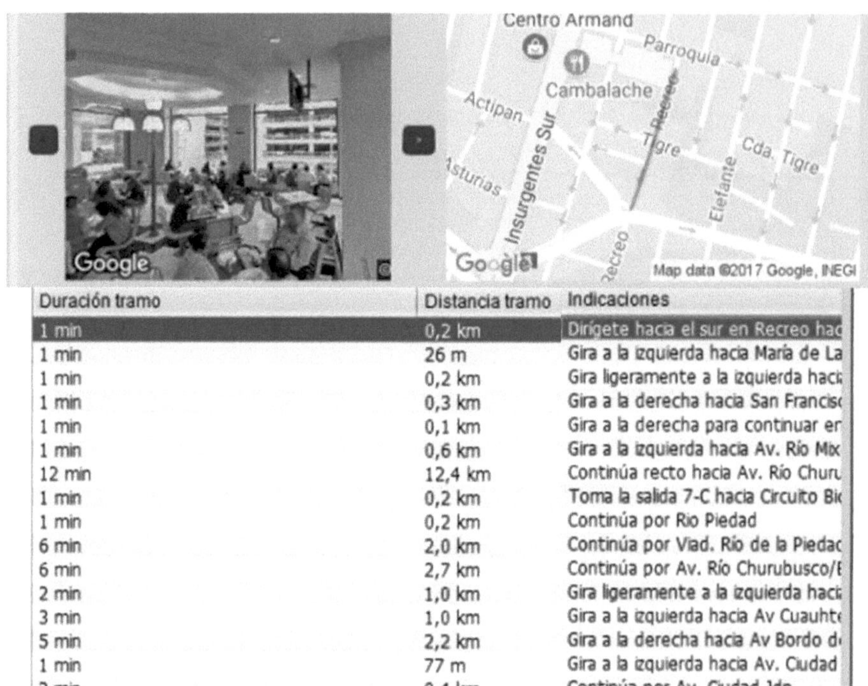

Duración tramo	Distancia tramo	Indicaciones
1 min	0,2 km	Dirígete hacia el sur en Recreo hac
1 min	26 m	Gira a la izquierda hacia María de La
1 min	0,2 km	Gira ligeramente a la izquierda haci
1 min	0,3 km	Gira a la derecha hacia San Francisc
1 min	0,1 km	Gira a la derecha para continuar en
1 min	0,6 km	Gira a la izquierda hacia Av. Río Mix
12 min	12,4 km	Continúa recto hacia Av. Río Churu
1 min	0,2 km	Toma la salida 7-C hacia Circuito Bi
1 min	0,2 km	Continúa por Rio Piedad
6 min	2,0 km	Continúa por Viad. Río de la Piedad
6 min	2,7 km	Continúa por Av. Río Churubusco/E
2 min	1,0 km	Gira ligeramente a la izquierda haci
3 min	1,0 km	Gira a la izquierda hacia Av Cuauhte
5 min	2,2 km	Gira a la derecha hacia Av Bordo d
1 min	77 m	Gira a la izquierda hacia Av. Ciudad
2 min	0,4 km	Continúa por Av. Ciudad Jdn

Figura 7. Street View

Para el cálculo de la ruta, se usó un algoritmo de optimización, eligiendo la ruta más corta y rápida [5]. Este algoritmo está basado en el problema del viajero comerciante, el cual menciona que de una cantidad N de ciudades, el viajero debe pasar por cada una de ellas, sin repetir, en el menor tiempo posible.

Indicaciones

Duración tramo	Distancia tramo	Indicaciones
1 min	0,2 km	Dirígete hacia el sur e...
1 min	26 m	Gira a la izquierda haci...
1 min	0,2 km	Gira ligeramente a la i...
1 min	0,3 km	Gira a la derecha haci...
1 min	0,1 km	Gira a la derecha para...
1 min	0,6 km	Gira a la izquierda haci...
12 min	12,4 km	Continúa recto hacia ...
1 min	0,2 km	Toma la salida 7-C ha...
1 min	0,2 km	Continúa por Rio Piedad
6 min	2,0 km	Continúa por Viad. Rí...
6 min	2,7 km	Continúa por Av. Río ...
2 min	1,0 km	Gira ligeramente a la i...
3 min	1,0 km	Gira a la izquierda haci...
5 min	2,2 km	Gira a la derecha haci...
1 min	77 m	Gira a la izquierda haci...

Figura 8. Direcciones

Conclusiones

En este trabajo se logró realizar la conexión para el manejo de la base de datos por medio de la interfaz gráfica al igual que la matriz de Google Maps. Algunas de las mejoras que se tienen por hacer son: dentro de una sola interfaz se tuviera la opción de la creación de rutas y el dar de alta los productos, ya que hasta el momento funcionan por separado ambas herramientas. Sin embargo, con un trabajo continuo se espera lograr esta implementación en 1 mes, teniendo en cuenta los nuevos conocimientos que se adquirirán en este tiempo. Se buscará implementar el botón en la aplicación principal que despliegue la pantalla de rutas, esto dentro de la parte de interfaz. Al ser desarrollados en la misma plataforma se facilita el proceso de migración. De la misma manera, no se tendría problema con la base de datos ya que se utilizó la misma arquitectura. Finalmente, se realizará una verificación acerca de la integridad de la base al unir y usar la aplicación ya con la migración completada.

Se encontraron muchos desafíos al realizar este proyecto ya que no se contaba con el conocimiento de implementar Google Maps en una interfaz creada, al igual que conectar una base de datos de Oracle con una aplicación y lograr que los 3 puntos funcionaran armónicamente.

Se ha entendido que llevar el control de una empresa de producción-entrega desde su ámbito de gestión es un proceso complejo, ya que se deben tomar en cuenta diferentes variables con el fin de no sufrir pérdidas de dinero, clientes y prestigio.

Este proyecto puede servir para grandes o medianas empresas que quieran llevar un control de sus productos, empleados y rutas que se tenga para la entrega de la mercancía. Este sistema es menos propenso a fallas ya que en tiempo real se modifican los productos que se tienen. A demás, de permitir una mejor planificación y esto beneficia a la sociedad ya que se disminuye el tráfico y se mejora la entrega de mercancía.

Se quiere en un futuro tener solo una interfaz que realice ambos roles mencionados e implementar el uso de una clave y contraseña al ingresar a la aplicación para un mejor control y seguridad.

El proyecto fue asesorado por PROF. JUAN DAMIAN SILVA GALINDO y PROF. ZIZILIA ZAMUDIO BELTRÁN

Referencias

[1] Oracle. (2008,2017). SQL Developer User's Guide. Noviembre 11 de 2017, de Oracle Sitio web: https://docs.oracle.com/database/sql-developer-17.3/RPTUG/toc.htm

[2] Oracle. (2008, 2017). SQL Developer Data Modelar User's Guide. Noviembre 11, 2017, de Oracle Sitio web: https://docs.oracle.com/database/sql-developer-17.3/DMDUG/toc.htm

[3] P.Deitel, H,Deitel, Como Programar en Java, 8, Pearson

[4] Google Maps API : https://cloud.google.com/maps-platform/routes/?hl=es Oracle. (2008, 2017). Create Trigger. Quick Reference. Noviembre 11, 2017, de Oracle Sitio web: http://docs.oracle.com/cd/B19306_01/server.102/b14200/statements_7004.htm#sthref7885

[5] Oracle. (2008,2017). SQL Developer Command-Line Quick Reference. Noviembre 11, 20117, de Oracle Sitio web: https://docs.oracle.com/database/sql-developer-17.3/SQCQR/toc.htm#SQCQR-GUID-6736ADCE-ABD9-49B8-91E5-7973221DC434.

[6] Programación Java, Array List del Sitio Web: http://puntocomnoesunlenguaje.blogspot.mx/2012/12/arraylist-en-java.html

[7] Oracle. (2008, 2017). Auditing Database Activity. Quick Reference. Noviembre 11, 2017, de Oracle Sitio web: https://docs.oracle.com/cd/B28359_01/server.111/b28337/tdpsg_auditing.htm#TDPSG50051

[8] F.J.Ceballos Sierra, Java 2: Interfaces Graficas, 2, Alfaomega Grupo Editor

Fisiología y bases de datos: Propuesta de un modelo cuantitativo sobre comunicación celular y neuroendocrinología.

Co autores: Francisco Javier Lozada Aguilar, Alejandro Camacho Polvo, Marco Antonio Castro Catalán, Alejandro Días Salgado.

Introducción

Sobre las leyes científicas y objetivo de la obra.

La naturaleza, regida por *leyes generales*, inferidas inductivamente y extraídas de hechos y objetos inmediatos de la percepción, proporcionan bases sólidas para objetar hipótesis de naturaleza causal y explicar fenómenos con gran precisión. Dichas inferencias, deducidas de premisas, teorías de las probabilidades, leyes del cálculo de y la lógica, revelan resultados *probables*, y cualquier concordancia con los hechos, puede establecerse *a posteriori*, mediante la comparación (en el modo de especular de Pierre-Simón de Laplace[1]).

La aserción de una proposición A, en concordancia con lo que de hecho pasa en un acontecimiento B, patentizará el valor de una teoría formal, admitiendo la hipótesis independientemente de la opinión. No explayaremos sobre la naturaleza de las leyes científicas, puesto que nos extraviaría del objetivo del presente tratado. Satisfaga entonces, esta breve introducción para llevar el curso del artículo tendente a su finalidad; el aserto de lo anteriormente dicho puede ser adoptado cuando la investigación física y estadística, se genera *in silico* (simulación por computadora).

Las ciencias de la computación han proporcionado conclusiones muy legítimas, con la correcta formulación de hipótesis mediatas, llegando a los resultados ulteriores a la experimentación, con todo y las limitaciones impuestas por los datos y la forma en que una máquina los computa por medios finitos. De acuerdo con la definición de Alan Turing [2], un número es computable si su expresión decimal puede ser escrita por una máquina.

El objetivo buscado que nos atañe es computar, por medio de métodos numéricos, ecuaciones diferenciales que modelen el comportamiento de la comunicación celular, de la cual nos servimos de exponer su constitución científica en las siguientes secciones.

Comunicación celular

La comunicación entre las células de los múltiples sistemas que componen a los seres vivos está coordinada por medio del *sistema nervioso* y el *sistema endocrino*.

Las células tienen plasticidad, esto es, son capaces de ajustarse a las condiciones que les presenta el medio. Para ello, cuentan con receptores que captan una señal externa, la cual les notifica dicho cambio.

Los *receptores* son proteínas que se unen con mediadores de comunicación intracelular para desencadenar una respuesta. Dichos mediadores, son a) *hormonas*: vertidas desde glándulas de secreción interna, y b) *neurotransmisores*: sustancias que comunican a una neurona con otra, a través del espacio sináptico ilustrado en la figura 1. (que es un espacio en la sinapsis, estructura formada en la *neurotransmisión* — uno de los diferentes tipos de comunicación celular—).

Otros tipos de comunicación celular, a parte de la neurotransmisión anteriormente mencionada son:

1) *La comunicación endocrina*: las hormonas, viajando por medio del torrente circulatorio, llegan a ciertas células blanco, que reciben el mensaje correspondiente; por ejemplo, la insulina es producida y secretada a la circulación por las células beta de los islotes pancreáticos. En respuesta a un incremento en la concentración de glucosa en la sangre, los islotes secretan la hormona para activar células, entre ellas adipocitos (o células grasas) y células epiteliales del hígado (hepatocitos) para que capten la glucosa y la metabolicen [3].

2) *Secreción neuroendocrina*: células de tejido nervioso, secretan su mensaje a la circulación. La neurohormona viaja en el torrente sanguíneo para interaccionar con las células receptoras; *exempli gratia*: las células del hipotálamo secretan factores de liberación, los cuales viajan por la circulación que comunica al hipotálamo con la hipófisis y estimulan a grupos definidos de células de la glándula, para que secreten algunas hormonas en forma selectiva [5].

3) *Comunicación paracrina*: se produce entre células relativamente cercanas, sin que para ello exista una estructura especializada, ya que tiene un carácter fundamentalmente local. Véase el siguiente ejemplo: cuando ocurre la ruptura de un vaso sanguíneo, inmediatamente se produce la liberación de mensajeros que ocasionan una agregación de plaquetas en el sitio de la ruptura. Las plaquetas, a su vez, secretan una serie de mensajeros que harán que otras plaquetas se agreguen, favoreciendo la formación de un coagulo, y además estimulará la contracción de las células musculares del vaso sanguíneo, todo ello para impedir la pérdida de sangre. El proceso involucra comunicación entre varios tipos de células mediante diversos tipos de mensajeros, llamados mensajeros locales o autacoides (del griego αυτός, "el propio" y ακός, "remedio") [4].

4) *Comunicación yuxtacrina*: aquella que existe entre células adyacentes donde hay moléculas ancladas en la cara externa de la superficie de una

célula y hacen contacto con los receptores localizados en la membrana de una célula contigua.

5)   *Comunicación autocrina*: En la que la célula se envía mensajes a sí misma; ejemplificando: algunas células liberan factores de crecimiento y proliferación que actúan sobre ellas mismas, favoreciendo que se multipliquen como parte del recambio normal de los tejidos. También se ha observado que en algunos tipos de *cáncer* las células producen estos factores de forma continua y no controlada, lo cual favorece su propagación [6].

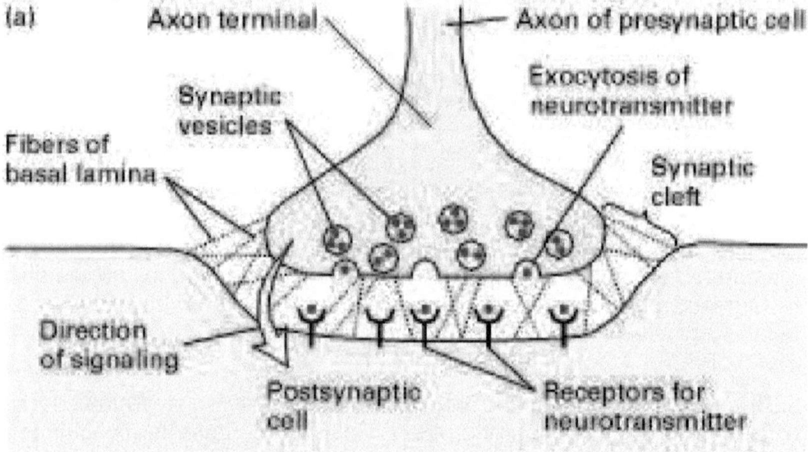

Figura 1. Esquema de neurotransmisión. Estructura sinapsis entre la neurona presináptica y postsináptica. Recuperado de [I]

Selectividad, afinidad y actividad

En la comunicación endocrina se mencionó el término de células blanco, las cuales son el destino del mensaje; ello implica que el mensaje es *selectivo*, esto es, las superficies del receptor y del mensajero se acoplan perfectamente entre sí (a este punto es conveniente introducir los términos de afinidad y actividad). A esta facilidad de interacción entre las sustancias se le llama *afinidad*. Para ilustración de esta propiedad asociamos el siguiente experimento: supóngase una preparación con cien receptores, y para ocupar la mitad de ellos se deben agregar cincuenta unidades de hormona A por unidad de volumen; para hacer lo mismo, pero ahora con la hormona B, se deben agregar cincuenta mil unidades de la misma sustancia. Esto quiere decir que tanto A como B pueden interaccionar con el receptor, pero éste prefiere, en una relación de uno a mil, a A que a B.

Por otro lado, la *actividad* es la capacidad del mensajero de producir una respuesta en la célula. Para mejor observancia, consideremos el siguiente postulado: "lo que no, estimula inhibe"; el compuesto que, al asociarse con el receptor produce un efecto, se le llama *agonista*. Y así también, *mutatis mutandis,* el *antagonista* es la sustancia que no produce ninguna respuesta sobre la célula, pero tiene la capacidad de interaccionar con el receptor; al asociarse con el receptor, ocupa el sitio que corresponde al mensajero natural, inhibiendo (o antagonizando) la interacción mensajero-receptor e *ipso facto*, bloquea el efecto. En muchas reacciones alérgicas está presente la histamina, y lo que se receta es el antagonista, un antihistamínico, que bloquea el efecto que tiene el agonista en el organismo.

No obstante, no es suficiente el acoplamiento hormona-receptor para producir un efecto, también se necesita que el receptor se active, estimule ciertas proteínas que se asocian con sistemas de *transducción*.

Sistemas transductores, segundo mensajero y efectores

Existen varios tipos de receptores, por ejemplo, los que se acoplan a proteínas G. Por su estructura, también se les conoce como *receptores de siete dominios transmembranales*. Como se muestra en la figura 1, el receptor atraviesa siete veces la membrana plasmática (dominios transmembranales). En la parte extracelular queda su extremo amino (NH3), y el extremo carboxilo en la parte intracelular (COOH⁻).

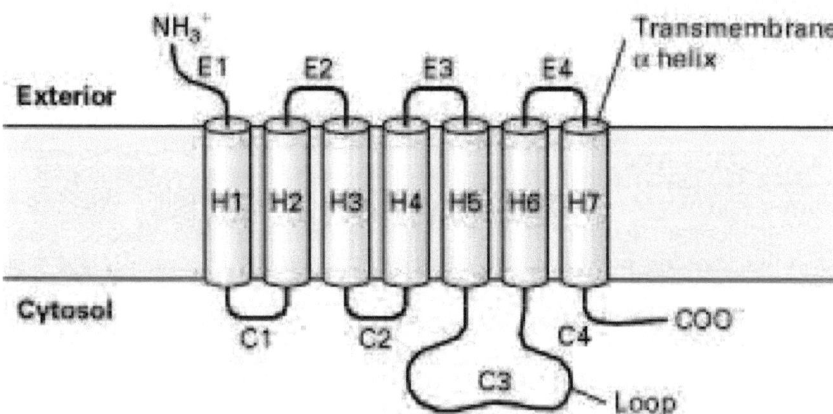

Figura 2. Modelo de receptor con siete dominios transmembranales. Recuperado de [II]

Una vez acoplado el primer mensajero, el receptor, a su vez, se acopla con *proteínas G*, las pasan a su forma activa, y ellas posteriormente se comunican con *enzimas* y *canales iónicos* para ejercer sus acciones.

Ciertos compuestos fueron descubiertas en el interior de las células hepáticas (del hígado) en la segunda mitad del siglo XX, las cuales son responsables de los efectos producido por hormonas como la adrenalina o el glucagón. Se identificó tiempo después a este compuesto como *AMP cíclico.*

El AMP cíclico es un nucleótido conformando por una base nitrogenada (adenina), un azúcar (ribosa) y un fosfato, y no es más que un segundo mensajero que participa en la propagación del mensaje a nivel intracelular[4], *verbi gratia*, un efector. Se sabe que la enzima que lo sintetiza es la adenilil ciclasa a partir de ATP.

De aquí se desprende que, además del mensajero y la adenilil ciclasa, participa un tercer elemento localizado en la membrana plasmática, las proteínas G. Estas proteínas acoplan al receptor con la adenilil ciclasa, activando a la enzima.

Así mismo, existen variedades de proteínas G: unas que actúan de forma estimuladora sobre la adenilil ciclasa (Gs, *stimulation*), y las que inhiben (Gi, *inhibition*). Esto implica necesariamente un reconocimiento selectivo en la membrana plasmática.

Para mostrar con un grado más eminente la acción de las diferentes etapas de la actividad, se ilustra con algunos ejemplos la actividad anormal de cada una de ellas. Los *receptores canal*, otro de los tipos de receptores de la membrana plasmática, al interaccionar con el primer mensajero, se apaga la señal en seguida (dicho de otra forma, se estimula en intervalos breves a la célula); a este proceso fisiológico se le llama *desensibilización*. La desensibilización ocurre principalmente por dos subprocesos: por degradación y por ruptura de la hormona. En el primero, enzimas de la membrana degradan al mensajero; en el segundo subproceso, proteínas transportadoras llevan a los mensajeros a las células que los secretaron. Ambos procesos son importantes para evitar la sobreexcitación de la célula. Manifestemos esto con un ejemplo: la acetilcolina, neurotransmisor responsable de la contracción muscula, es liberada por neuronas en su unión con los músculos, estimulando receptores colinérgicos nicotínicos (separándose y uniéndose continuamente de ellos). La acetilcolina es captada por la enzima acetilcolina-esterasa, que la hidroliza, convirtiéndola en dos compuestos, acetato y colina; estos compuestos ya no son activos sobre el receptor y, por tanto, no se produce más contracción muscular. Los insecticidas, por ejemplo, inhiben a la enzima acetilcolina esterasa (y no al neurotransmisor directamente), evitando la degradación de la acetilcolina, lo que produce que este mensajero estimule de manera descontrolada la contracción de las células musculares del insecto, permaneciendo contraído sin poder respirar adecuadamente hasta morir.

Adicionalmente observaremos el proceso de la comunicación celular en la etapa de la propagación intracelular (donde actúan los efectores). Dicho proceso no es un proceso lineal, esto es, se lleva a cabo en cascadas de amplificación. Por ejemplo, las azucares (*glucosas*) consumidas en los alimentos, se almacenan en el hígado en forma de *glucógeno* (carbohidrato de reserva constituida por moléculas de glucosa unidas covalentemente). Los niveles de glucosa en sangre deben permanecer constantes, esto es importante para el sistema nervioso principalmente, pues se pueden presentar trastornos que provocan, desde la disminución de la concentración del individuo, hasta la perdida de conciencia o coma. En el páncreas existen células especializadas que detectan la glucemia. Cuando los niveles de glucosa disminuyen, se secreta una hormona llamada *glucagón* al torrente circulatorio, el cual interacciona con las células blanco del hígado. El glucagón activa a la adenilil ciclasa, aumentando la producción de AMP cíclico. El AMP cíclico (efector o segundo mensajero) es reconocido por su receptor en el citoplasma, la proteína cinasa A (PKA), mostrada en la figura 3. Esta proteína tiene a su vez dos subunidades: R (reguladoras) y C (catalíticas). Cuando los niveles de AMP cíclico aumentan, este se les pega, cambiando de forma conformacional, tal que la afinidad por la subunidad C disminuye, lo que conduce a la separación de las subunidades R y C, quedando libres para fosforilar diversas proteínas. En el caso del glucógeno, al activarse PKA y quedar libres sus subunidades, este fosforila a su vez a otra enzima: la fosforilasa B cinasa; acto seguido se fosforila otra enzima, la fosforilasa, la cual rompe el glucógeno almacenado en el hígado en moléculas de glucosa, haciendo que se secrete libre en la circulación.

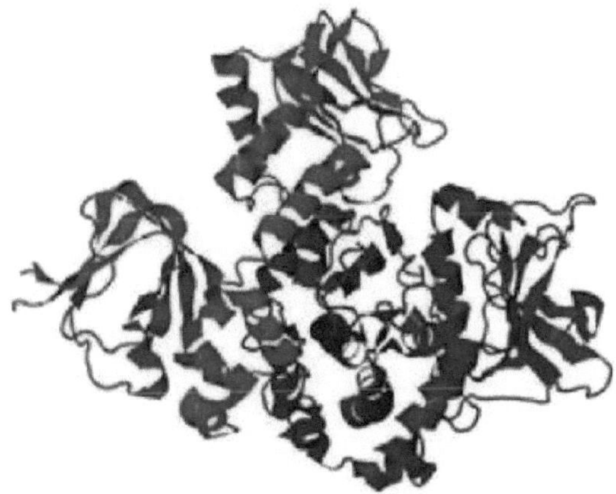

Figura 3. Modelo basado en la estructura cristalográfica de la PKA. Recuperado de [III]

Cada uno de los conceptos aclarados anteriormente tendrán un dominio en la base de datos relacional, modelo que describimos más abajo en secciones subsecuentes.

Desarrollo.

Modelo, base de datos relacional y componentes de esta.

Que las consideraciones hechas anteriormente, basten para sustentar teóricamente, el procedimiento a seguir para lograr los objetivos que pretende este proyecto. Procederemos a la sucesión del primer método. Esquemáticamente esbozamos el mecanismo de acción de la comunicación celular propuesto (Figura 4).

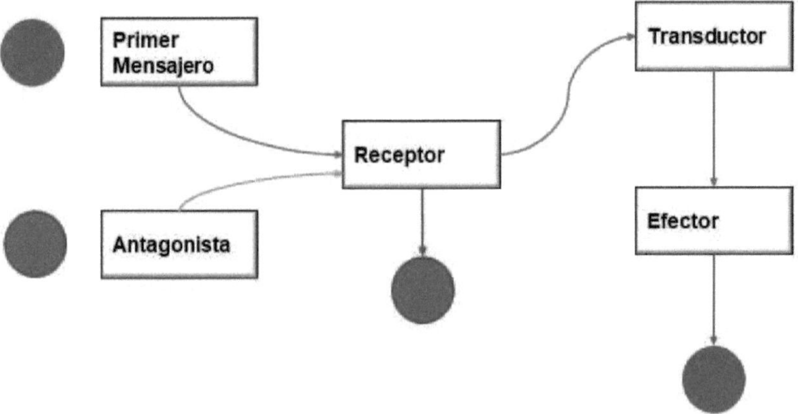

Figura 4-A. Mecanismo de acción general de la comunicación endocrina propuesto para modelar el proyecto.

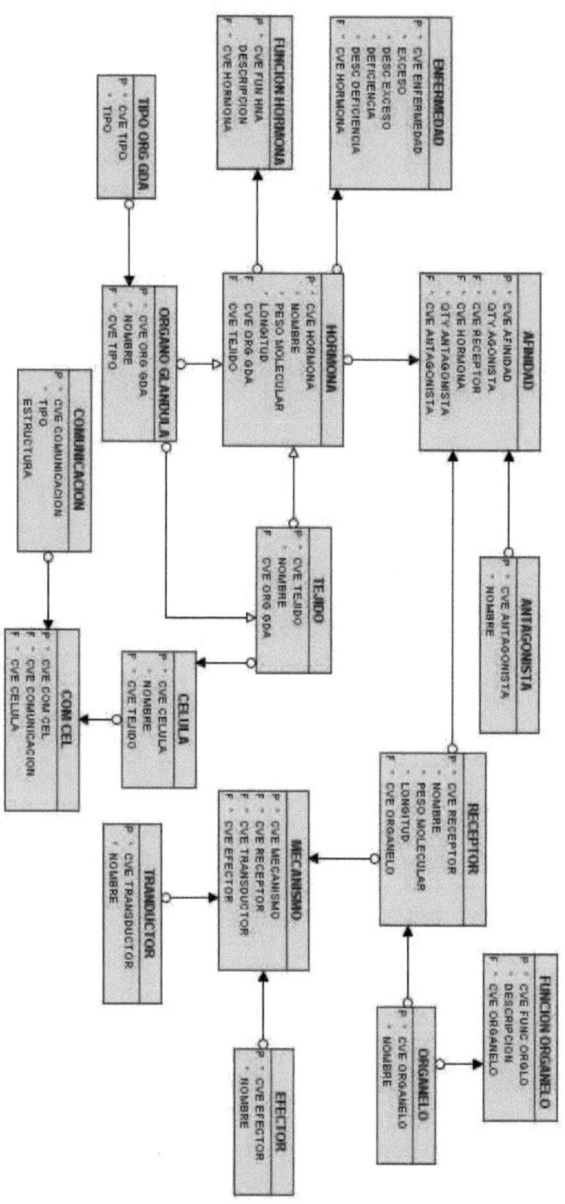

Figura 4-B. Diagrama entidad-relación generado en el modelador de datos de ORACLE (notación de Bachman) del mecanismo de acción de las hormonas (o sus antagonistas) y el complejo receptor-mensajero.

Asúmase como suficientes los elementos que remitimos como esenciales del modelo, ya que se omiten procesos que en la naturaleza son a saber, sustanciales. A cada etapa del proceso le corresponde una tabla en la base de datos relacional. Agregando las estructuras anatómicas implicadas en el mecanismo de acción: órganos y glándulas, formados de tejidos, células y organelos celulares —teniendo cada elemento anteriormente listado, una relación sobreyectiva con el siguiente respectivamente, como ilustra la figura 5—, se sigue que tenemos un sistema completo. La base de datos está contenida en ORACLE Database Express Edition

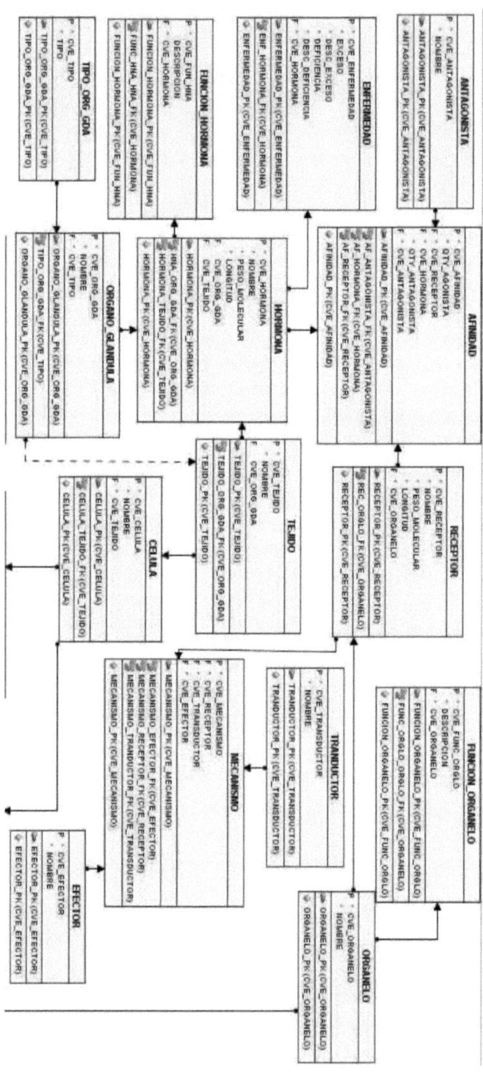

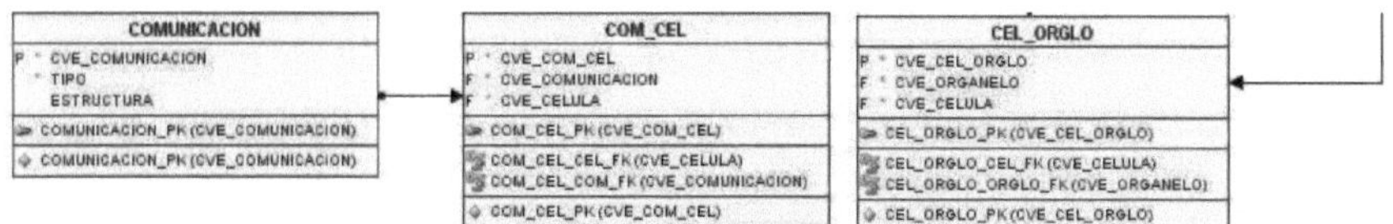

Figura 5. Diagrama entidad-relación, generado en el modelador de ORACLE (notación de Bachman) de los elementos del sistema neuroendocrino propuesto, donde se sigue de las flechas la relación sobreyectiva (esto es, a A le corresponden N elementos de B).

Ahora bien, presupuesto un sistema completo modelado en datos, le otorgamos dinamismo a través de las leyes generales del número.

Sobre la deducción del modelo matemático

De datos muestrales extraídos de la naturaleza, observamos que la curva buscada dosis-respuesta posee un aspecto sigmoide (véase figura 6).

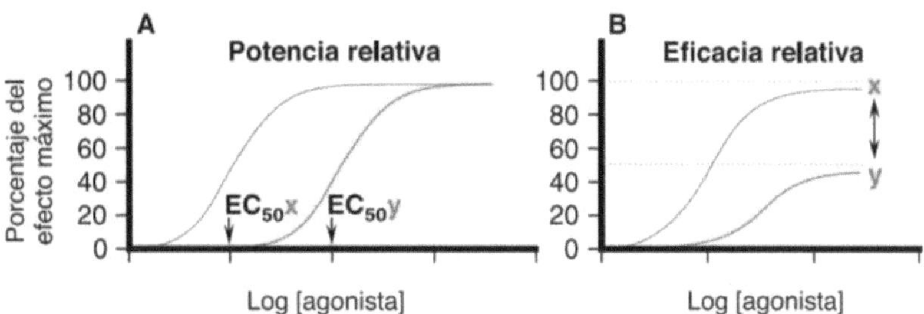

Figura 6. Curvas dosis-respuesta teóricas (en función de la afinidad relativa y eficacia intrínseca). En el eje de las abscisas se indica la cantidad del mensajero, y en las ordenadas el efecto. Recuperado de [IV]

Sabemos que, la   ecuación   que   aproxima   este comportamiento está dada por:

$$x(t) = \frac{k}{e^{-t} + k}$$

Ecuación 1. Ecuación que modela un crecimiento exponencial en una curva sigmoidea.

Deducimos una ecuación diferencial de la cual se desprenda dicho resultado

$$\frac{dh}{dt} = Variación\ del\ acoplamiento\ del\ agonista\ con\ un\ receptor.$$

Hacemos que la cantidad de hormonas y su variación dependa únicamente de la población de estas, dividiendo entre h:

$$\frac{\frac{dh}{dt}}{h}$$

Considerando la función lineal general

$$f(x) = mx + b$$

hacemos *x=h:*

$$\frac{\frac{dh}{dt}}{n} = m_h + b$$

$$\frac{dh}{dt} = n(mh + b)$$

Ecuación 2. Ecuación diferencial en forma general que modela nuestro acoplamiento de agonistas y antagonistas con un receptor dado.

Ahora bien, una vez encontrada nuestra ecuación diferencial en forma general, resolvemos utilizando el método de separación de variables:

$$\frac{dh}{h(mh + b)} = dt$$

$$\int \frac{dh}{h(mh + b)} = \int dt$$

Haciendo fracciones parciales se obtiene:

$$A\int \frac{1}{n} dh + B\int \frac{1}{mh + b} dh$$

Donde:

$$a = \frac{1}{b} \text{ y } b = \frac{-m}{b}$$

La solución a la ecuación diferencial está dada por:

$$\frac{1}{b}ln(h) - \frac{1}{b}ln(mh + b) = t + c$$

Despejando h:

$$ln(h) - ln(mh + b) = bt + bc$$

$$ln\left(\frac{h}{mh + b}\right) = bt + bc$$

$$e^{ln\left(\frac{h}{mh+b}\right)} = e^{bt+bc}$$

$$\frac{h}{mh + b} = e^{bt}e^{bc}$$

Donde:

$$e^{bc} = c_1$$

$$h = (mh + b)e^{bt}c_1$$

Finalmente, pasamos a la forma buscada (ecuación 1) para aproximar nuestro modelo a las curvas dosis-respuesta:

$$h - mhe^{bt}c_1 = be^{bt}c_1$$

$$h = \left(\frac{be^{bt}C_1}{1 - m_e btc_1}\right)\left(\frac{e^{-bt}}{e^{-bt}}\right)$$

$$h = \frac{bc_1}{e^{-bt} - mc_1}$$

Definimos constantes afines a nuestro objetivo y planteamos nuestra ecuación diferencial:

$$\frac{dh}{dt} = k\big(h(t)\big)\big(C - h(t)\big)$$

Ecuación 3. Ecuación diferencial ordinaria no lineal, deducida previamente y propuesta para modelar dinámicamente el acoplamiento hormonas-receptores.

Donde:

h(t)=Variación de receptores acoplados a mensajeros (o sus antagonistas)

ki=Constante de afinidad de un mensajero (o su antagonista) con un receptor dado

c=población de hormonas (o antagonistas) por unidad de volumen.

Sobre la solución a la ecuación diferencial y su computabilidad.

Aproximamos entonces, con ayuda del programa de matrices de laboratorio MATLAB, las soluciones a la ecuación diferencial, utilizando métodos numéricos (Runge-Kutta 4 y Euler). Véase el siguiente fragmento de código:

```
for n=1:(N-1)
  %Ecuaciones iterativas RK
  %Agonista
  k1=h*funcion(xrk(n),ki,c);
  k2=h*funcion(xrk(n)+0.5*k1,ki,c);
  k3=h*funcion(xrk(n)+0.5*k2,ki,c);
  k4=h*funcion(xrk(n)+k3,ki,c);
  xrk(n+1)=xrk(n)+(k1+2*k2+2*k3+k4)/6;

  %Antagonista
  k1a=h*funcion(xrka(n),kia,c);
  k2a=h*funcion(xrka(n)+0.5*k1a,kia,c);
  k3a=h*funcion(xrka(n)+0.5*k2a,kia,c);
  k4a=h*funcion(xrka(n)+k3a,kia,c);
  xrka(n+1)=xrka(n)+(k1a+2*k2a+2*k3a+k4a)/6;

  %Metodo de Euler
  %Agonista
  xe(n+1)=xe(n)+h*funcion(xe(n),ki,c);

  %Antagonista
  xea(n+1)=xea(n)+h*funcion(xea(n),ki,c);
end
```

Se inicializa un ciclo FOR para hacer las iteraciones y guardar cada paso en un vector de dimensión N, el cual está dado por los siguientes parámetros de simulación:

```
%Parámetros de la simulación
  T=20;
  h=0.001;
  N=T/h;
```

Donde 'T' es el tiempo de simulación en segundos, 'h' el tamaño de paso y 'N' el número de iteraciones. Definimos la dimensión de los vectores a graficar, donde a cada posición de estos les corresponde un valor de la respectiva iteración.

```
%Vectores Runge-Kutta
  xrk=zeros(N,1);
  xrka=zeros(N,1);

  %Vectores metodo de Euler
  xe=zeros(N,1);
  xea=zeros(N,1);
```

Ahora bien, consideramos finalmente como función la ecuación 3 (*ibidem* sección actual):

```
function f=funcion(x,ki,c)
  %Ecuacion diferencial f=ki.*x.*(c-x);
end
```

Asignados los parámetros, produzcan curvas equivalentes a la solución por métodos analíticos.

De la conclusión del modelo general e interfaz de java.

Se ha demostrado de manera completa el modelo y sus elementos, nos proponemos, por tanto, a pasar a modificar coeficientes con datos constituyentes a la observación experimental, y que han arrojado resultados cuantitativos.

Precedentemente programamos en el lenguaje de programación JAVA una aplicación, la cual accede a nuestra base de datos anteriormente creada y suministrada de datos (siendo artículos obtenidos de PubMed —base de datos de MEDLINE—nuestro principal motor de búsqueda).

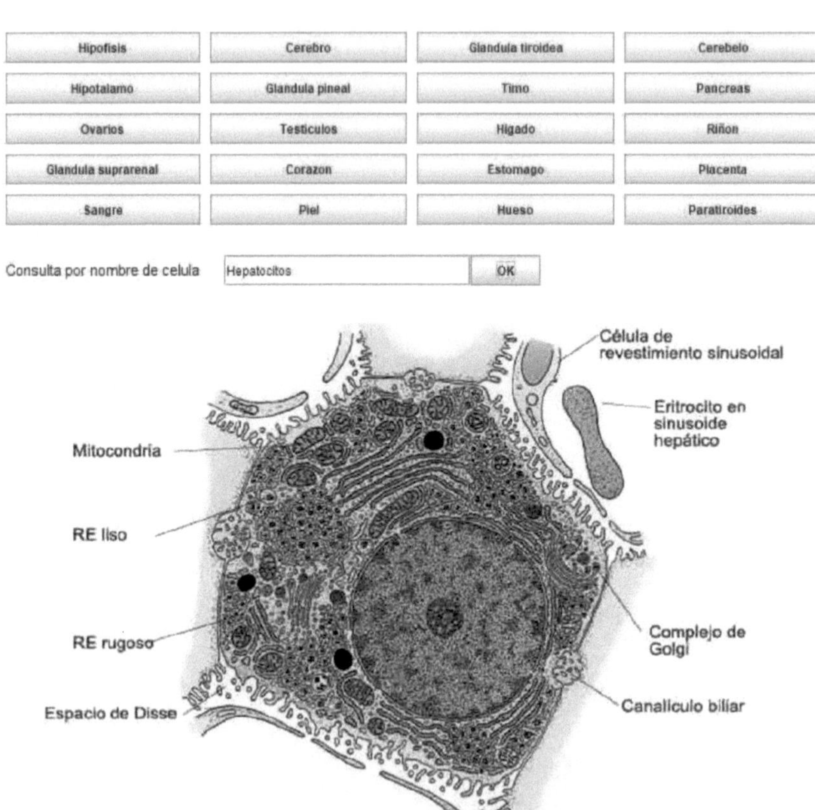

Figura 6-A. Interfaz gráfica de usuario de la aplicación desarrollada en JAVA. En la parte superior, veinte botones creados (JButton—Java Swing—) a partir de los órganos o glándulas registrados en la base de datos del sistema neuroendocrino. En la parte posterior, un buscador que consulta por nombre de una célula (*e.g.* Hepatocitos).

Nombre de la Hormona: Glucagon

Peso molecular (g/mol): 3766.16   Longitud de aminoacidos: 3766

Función: Estimula absorcion de aminoacidos, gluconeogénesis y desdoblamiento de glucogeno y grasa.

Receptor: GLP1

Antagonista: Exendin

ki Antagonista(pKi): 8.1

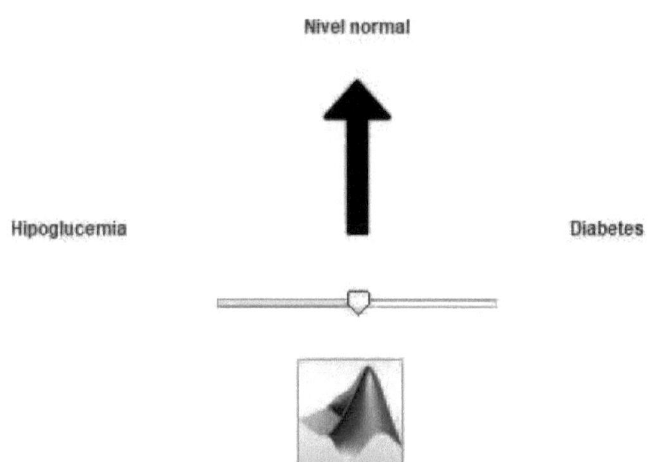

Eleva concentraciones de glucosa y ácidos grasos en sangre

Figura 6-B. Interfaz gráfica de usuario de la aplicación desarrollada en JAVA. Se selecciona la hormona de un JComboBox (Java Swing) y el nivel de población de la hormona con un JSlider (Java Swing). Mandamos como parámetros a MATLAB el nivel seleccionado, y las dos constantes de afinidad pKi.

Resultados

De datos muestrales, sabemos que las constantes de afinidad (pKi) de la dopamina, por ejemplo, y su antagonista, con respecto al receptor D1, son los escalares 4.3 y 9.5 respectivamente [12].

Considerando estos parámetros en nuestra ecuación encontramos los siguientes resultados mostrados en las figuras 7 y 8: Observamos, en primer lugar, que las curvas generadas con las ecuaciones iterativas de Runge-Kutta 4 ilustran un resultado interpretable con mayor concordancia a las observaciones.

Los porcentajes de error relativo para el método de Runge-Kutta 4 van en el orden de 10^{-7} hasta 10^{16}, mientras que el método de Euler el error se aproxima mediante $E=|x(t_n) - x_n|$

La solución directa nos revela que mientras menor es el valor de la constante de afinidad, más rápidamente va a crecer el acoplamiento de la hormona con el receptor, como la práctica sugiere.

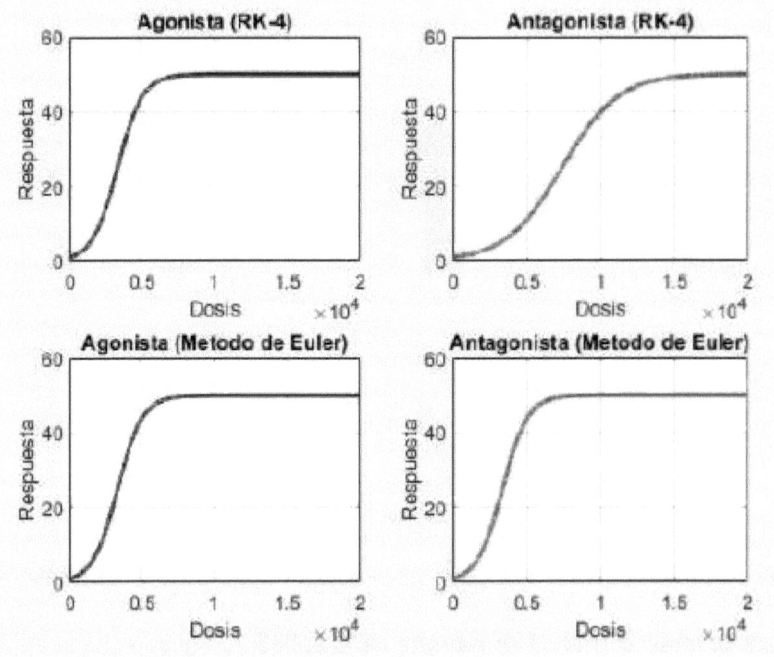

Figura 7. Curvas dosis-respuesta de la dopamina y su antagonista generadas en MATLAB.

Hagamos el mismo experimento, considerando a la insulina y su antagonista, cuyos valores de afinidad están dados por 6.7 y 8.8 respectivamente, pero disminuyendo la población de hormonas al 50%.

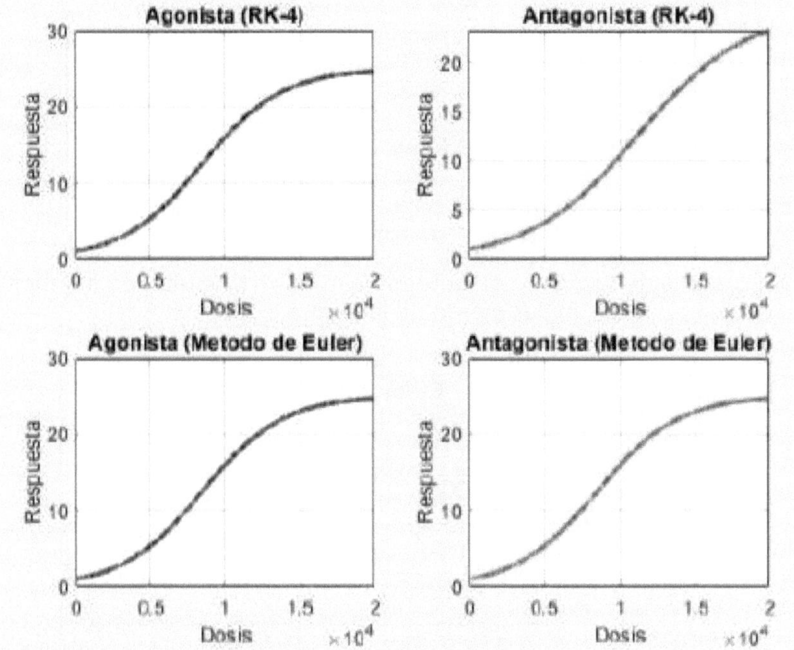

Figura 8. Curvas dosis-respuesta del acoplamiento de la insulina y su antagonista con su receptor PYI, y reduciendo significativamente la población de hormonas y fármacos.

Se obtiene que la respuesta es menor si la dosis disminuye, y por tanto se llega a un punto estacionario en la curva de a niveles bajos de respuesta.

Obtenemos, de los métodos de Runkge-Kutta 4 y Euler los valores del vector creado, leídos cada 2000 unidades (xrk(1:2000: N), xrk(1:2000: N)), y encontramos porcentajes de error:

Tabla 1. Porcentajes de error del método de nuestros resultados de nuestro experimento de la Figura 7.

Runge-Kutta 4	Euler	Error (%)
8.6377	8.6294	0.0991

34.0605	34.0454	0.0443
47.8133	47.8124	0.0019
49.7775	49.7777	0.0004
49.9782	49.9782	0
49.9979	49.9979	0
49.9998	49.9998	0
50.0000	50.0000	0

Tabla 2. Porcentajes de error del método de nuestros resultados de nuestro experimento de la Figura 8.

Runge-Kutta 4	Euler	Error (%)
2.0195	2.0193	0.0099
3.9092	3.9084	0.0205
7.0263	7.0247	0.0228
11.2976	11.2955	0.0186
15.8725	15.8705	0.0126
19.6440	19.6429	0.0056
22.1381	22.1377	0.0018
23.5562	23.5561	0.0004
24.2940	24.2940	0

El análisis y conclusión se considerarán en las siguientes secciones.

Discusión

Sabemos que la convergencia refiere, matemáticamente a la aproximación de resultados, esto es, mientras más iteraciones hagamos, el error irá disminuyendo, como muestran las tablas 1 y 2. Esto se justifica matemáticamente con el porcentaje de error absoluto de un método numérico de dos iteraciones consecutivas, como lo son Runge-Kutta y Euler

$$|x_n - x_n - 1| < |x_{n-1} - x_{n_{-2}}|$$

Se observa en los resultados que los métodos numéricos seleccionados son estables, ya que van convergiendo, según lo definido anteriormente.

Ahora bien, las curvas teóricas generadas describen un comportamiento acorde estadísticamente, a la tendencia del cuerpo humano de la homeostasis o autorregulación: en primer momento, la curva pasa por un umbral (tiempo que tarda un fármaco en producir una respuesta), antes de crecer en una pendiente lineal, para finalmente llegar a un punto estacionario, el cual nos notifica que ya se ha llegado a un efecto máximo después de un tiempo dado.

Los resultados esperados de la aplicación del método científico a datos estadísticos, obtenidos de la paciente investigación, sugiere resultados probables generalizados llamados *teorías.* La teoría de receptores introduce métodos del cálculo y las probabilidades a la compresión del comportamiento medicamentoso. Everhardus Jacobus Ariëns[13], describió el comportamiento de los agonistas y antagonistas como una *actividad intrínseca,* esto es, la medida de la capacidad de un fármaco acoplado a un receptor para producir una respuesta[7]. Esta reacción, en función de la concentración de un mensajero dado y el comportamiento de un receptor, tiene un comportamiento equivalente a las leyes de acción de la masa.

La afinidad se deriva de las fuerzas químicas asociación reversible.

$$H + R \overset{k_1}{\leftrightarrow} HR \rightarrow Respuesta$$

El mensajero *H* forma un enlace con el receptor *R* y la *constante de asociación k1,* generando un complejo agonista-receptor *[HR],* el cual tiene concentración dada por el producto *k1[H][R].* La respuesta en el complejo *[HR]* está asociada a la propiedad de la *eficacia,* (matemáticamente representada como una constante de proporcionalidad) la cual mide la tasa de cambio que sufre el sistema de respuesta gobernado por el acoplamiento de los receptores y sus agonistas, como el de nuestro sistema propuesto.

Conclusiones

Fundamenten los resultados la legitimidad del modelo y sirvan de verificación *a posteriori* de la validez práctica del tratado en cuestión. Se sigue que, utilizando los elementos del discurso racional y las leyes a las que está sujeta la naturaleza (expuestos en capítulos precedentes), está íntimamente ligado a la realidad y, por lo tanto, cumple con el discurso sobre las leyes científicas plantado en los objetivos de la obra.

Aceptamos la hipótesis sobre la aproximación de datos experimentales mediante simulación por computadora, remitiendo la etapa de la experimentación, obteniendo resultados predictivos y aplicables a las concepciones de la observación, generalización y propuesta de las leyes científicas, logrando comportamientos análogos y equivalentes.

Sobre los agradecimientos

Agradecemos a Mtro. Juan Damián Silva Galindo y Mtro. Edmundo Pérez Reynaud, docentes de la Facultad de Ingeniería, quienes motivaron esta investigación, nos ofrecieron su asesoría y su acompañamiento durante nuestro quinto semestre de la generación de Cibernética 2016-2020; así mismo extender el más profundo de los agradecimientos al claustro docente de la Facultad de Ingeniería, quienes nos han compartido generosamente su conocimiento, en virtud de engendrar en nosotros esa curiosidad que caracteriza a los hombres de ciencia.

Gratitud al Dr. Jesús Adolfo García Sainz, investigador emérito del Instituto de Fisiología Celular, de la Universidad Nacional Autónoma de México, y autor del libro *Hormonas: Mensajeros químicos y comunicación celular*, lectura fundamental para este proyecto, y que a su vez sirvió de inspiración para realizar el mismo. Agradecemos mucho que haya conversado y compartido con nosotros ideas que enriquecieron mucho nuestro trabajo.

También enaltecemos a nuestra *alma mater,* la Universidad La Salle, que nos recibe en sus bellas instalaciones, nos aposenta en sus aulas y nos da acceso al gran acervo de su biblioteca. *INDIVISA MANENT.*

Referencias

Bibliografía consultada

[1] Laplace Pierre-Simón, *Ensayo filosófico sobre las probabilidades,* 1902.

[2] Turing Alan, *Sobre números computables con una aplicación el entscheidungsproblem,* 1936.

[3] Zachut Maya, Kra Gitit, Moallem Uzi, Livshitz Lilya, Levin Yishai, Udi Shiran, Nemirovski Alina, Tam Joseph, *Characterization of the endocannabinoid system in subcutaneous adipose tissue in periparturient dairy cows and its association to metabolic profiles,* PloS One, 13(11): 0205996, 2018.

[4] García Sainz Jesús Adolfo, *Hormonas: Mensajeros químicos y comunicación celular,* FCE, SEP y CONACYT, 157 páginas, 2016.

[5] Saladin Kenneth, *Anatomía y fisiología: entre forma y función,* McGraw Hill México, 1251 páginas, 2013.

[6] Blume-Jensen Peter, Hunter Tony, *Oncogenic Kinase Signaling,* Nature, 411 (6835): 355-365, 2001.

[7] Stryer Lubert, *Bioquímica* (Tomos I y II) Reverté S.A., 1008 páginas, 1995.

[8] Roberts Alice, *El gran libro del cuerpo humano. La guía visual definitiva,* Dorling Kindersley Limited, 512 páginas, 2010.

[9] Raff Hersel, Levitzi Michael, *Fisiología médica. Un enfoque por aparatos y sistemas,* McGraw Hill México, 806 páginas, 2011.

[10] Goodman Louis, Gilman Alfred, *Las bases farmacológicas de la terapéutica,* McGraw Hill, 2045 páginas, 2006.

[11] Strogatz Steven, *Nonlinear dynamics and chaos,* Westview Press, 513 páginas, 2014.

[12] Andringa G., Drukarch B., Leysen J.E., Cools A.R., Stoof J.C., *The alleged dopamine D1 receptor agonist SKF 83959 is a dopamine D1 receptor antagonist in primate cells and interacts with other receptors,* European Journal of Pharmacology vol. 364, páginas 33-41, 1999.

[13] Ariëns E.J., *Affinity and intrinsic activity in the theory of competitive inhibition: I. Problems and theory.* Arch. Intern. Pharmacodyn. Ther., 1954, 99:32–49.

Crédito de las imágenes

[I] Lodish Harvey, *Molecular Cell Biology*, Figure 21-4. "A chemical synapse", 2000.

[II] Lodish Harvey, *Molecular Cell Biology,* Figure 10-20. "Schematic diagram of the general structure of the G protein", 2000.

[III] PBD ID: 3TNP, Ping Zhang, Eric V. Smith-Nguyen, Malik M. Keshwani, Michael S. Deal, Alexandr P. Kornev, Susan S. Taylor, "Structure and Allostery of the PKA RII Tetrameric Holoenzyme", *Science,* 355 (6069):712-716, 2012.

[IV] Goodman Louis, Gilman, Alfred, *Las bases farmacológicas de la terapéutica,*

Figura 1-10. "Dos maneras de medir el agonismo A", 2006.

Para proveer de información a la base de datos, se extrajo información de los sitios PubChem, una base de datos de moléculas, y de Data Protein Bank.

Sistema de predicción de popularidad de una canción con teoría de la información

Co autores: Francisco Javier Lozada Aguilar, Marina Andrea Ávila Valencia, Carlos Abraham Mora Hernández, Marco Antonio Castro Catalán

Introducción

En el modo de especular de quien esto escribe, una manera de aumentar la probabilidad de aceptación hacia una canción del público es sujetando la creación de esta a la demanda comercial del momento, esto es, lo que está de moda. El primer problema que esto supone es que se reduce la probabilidad de trascender, ya que la demanda comercial cambia desde fatores culturales —cada población de cierta cultura prefiere consumir lo que su lenguaje o su realidad le deja a su alcance—, hasta temporalmente, es incierto el tiempo que dura una moda, por lo que podría acabar la aceptación y quedar olvidada la creación de un momento a otro.

La música, que por definición es un arte, no debería ser creada de acuerdo con la demanda comercial, ya que en ese momento dejaría de ser arte y pasaría entonces, a ser artesanía: producción en serie e imitación de una pieza que está de moda. Como bien menciona Jena Dubuffet[1] "… *si su creación [hablando del artista] no está impregnada de un carácter personal fuertemente marcado, no tiene ningún valor* ".

Como parte de la solución a este problema, se propone que este sistema, haga un análisis de la creación individual y sensible del artista, y compare sus características técnicas con la de canciones que han trascendido de su tiempo y cultura, y han pasado a los anales de la historia como las más importantes de la cultura de la humanidad.

Ahora bien, se propone que el análisis de la canción se haga con la *teoría de la información*. Sabemos que la información es una función estadística dentro de un sistema de comunicación, esto es *emisor* $\rightarrow$ *canal* $\rightarrow$ *receptor*.

Teniendo cada uno de los elementos una función específica [2], a saber: a) el *emisor* es quien selecciona un estado de un conjunto de estados posibles del mensaje, b) el medio que transmite la elección del emisor se llama *canal*, y quien descifra la selección al otro lado del sistema es el *receptor*.

Se define entonces la información como *el cambio de las probabilidades indicadas, como resultado de la selección real entre los posibles estados del mensaje*[3]; así, por ejemplo, si se tiene las elecciones posibles equiprobables *si* y *no* —cada una con 50% de proporción—, el estado que se elija cambiará de un 50% de proporción a 100% —o a un estado de certeza—, por lo tanto, la información proporcionada en ese mensaje será de 0.5. Sin embargo, si tenemos cuatro posibles elecciones equiprobables, la probabilidad de ser seleccionada cada una será de 0.25, por lo que cuando el emisor elija uno de los cuatro estados, el cambio de las probabilidades para el receptor —o la información—, será de 0.75.

Se define entonces que la información, en términos de *bits* es igual al número de veces que se debe duplicar la probabilidad inicial de un estado posible para llegar a 1.

Norbert Wiener[4], define la información como el *negativo de la entropía de un mensaje*: mientras más probable sea un mensaje, menos información proporcionará; matemáticamente lo anterior queda denotado por

$$H(x) = - \sum_{i=}^{n} p(x_i)\, log_2\, p_{(x_i)}$$

La elección de la base del algoritmo es 2 por que la unidad de información es el digito binario *bit*. Esta fórmula es una medida de la incertidumbre *a priori*, y es análoga a la *entropía* de la termodinámica estadística. De manera similar, mientras menos información transmita el mensaje, mayor será la redundancia.

Leonard B. Meyer[5] postuló que la música es un *proceso de Markoff: "… a medida que se derarolla un acontecimiento musical y aumenta la probabilidad de una conclusión particular, la incertidumbre, la información y el significado disminuirán".*

En definición de Meyer, el significado aparece cuando *"… una situación antecedente, que requiere valoración respecto de los modos probables de continuación de continuación de patrón, produce incertidumbre respecto de la naturaleza temporal del consecuente esperado"*; de aquí se podría objetar que según esta definición, una composición que produzca incertidumbre cualquiera, proporcionando mucho ruido, será música con significado, pero el autor (*Ibidem*) indica puntualmente, hablando de "música moderna" que *"… en su afán de empaquetar música llena de significado, algunos compositores han sobrecargado tanto la capacidad de canal del auditorio que, con la consiguiente superabundancia, un significado oscurece a otro"*, con lo que refiere a que la capacidad del canal, cuando está sobrecargada —esto es, tiene mucho ruido— carece de significado. Si se tiene un campo de percepción, o lo que escucha el receptor en un momento dado, en ese momento, y el receptor espera un acontecimiento *(x)*, pero el acontecimiento es completamente inesperado o sorpresa, la probabilidad *P(x)* que era muy cercana a 0, proporciona mucha información *I(x)* que es cercana a 1.

En el curso del desarrollo del sistema, se propondrá analizar la pieza musical desde la cantidad de *entropía promedio* que tiene la canción, y ver esta estadística contra las canciones de un listado de canciones *The Rolling Stone 500 greatest songs of all time*[], publicado en 2004 por la revista Rolling Stone.

Figura 1. Las 500 canciones más grandes de todos los tiempos según la revista *Rolling Stone*. Recuperado de [8]

Entonces se debe calcular una media de la entropía de los promedios de las cien primeras canciones del sistema. En este punto se podrá objetar que hay canciones exitosas que continuamente tienen cambios de ritmo y situaciones impredecibles y canciones que tienen un ritmo y patrones muy predecibles, siendo aun así muy aceptadas a lo largo de las generaciones. Es por lo que los datos se pondrán en una distribución normal —**figura 2**—, la cual describe el error de los fenómenos alrededor del valor más probable, la media.

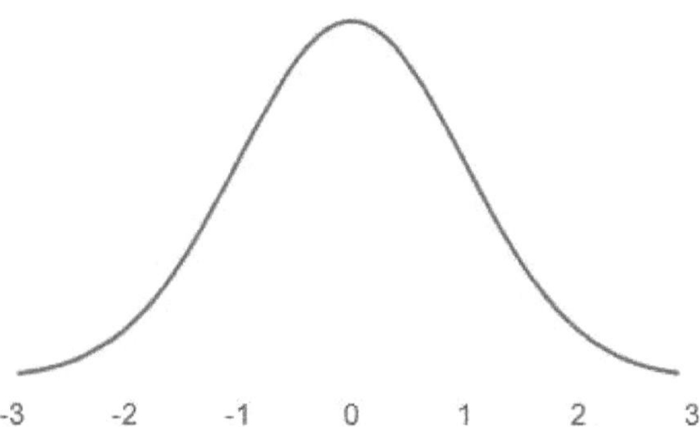

Figura 2. Distribución normal generada con Geogebra. Se ve que la media μ es cero y la desviación estándar σ es 1.

Los datos en la distribución normal, muestra como los datos están ubicados alrededor de la media, que es representada por la parte más alta de la curva, y la curva va descendiendo simétricamente, que indica cómo las observaciones de los datos van siendo menor mientras más se alejan de la media. Esto se justifica con el *Teorema del límite central* introducido por Carl Friedrich Gauss, el cual enuncia lo siguiente [6]:

"Sean X1, X2, …, Xn, *una muestra aleatoria de una distribución con media μ y varianza σ², si* n *es suficientemente grande,* X *tiene una distribución normal aproximada con*

$$z = \frac{x - u}{\frac{\sigma}{\sqrt{n}}}$$

Conforme n→ ∞, *major será la aproximación"*.

Se han mencionado dos maneras de hacer que la probabilidad de hacer que la creación de un compositor sea mayor. La primera, supeditar la creación a la demanda comercial, la segunda —y es la que se propone en el desarrollo del sistema—, calcular probabilidades teóricas y a través de encuestas muestrales que nos den una aproximación; pero esto no nos da la certeza de que así sea, ya que, en muchas ocasiones, las leyes del azar hacen que las circunstancias superen la capacidad del compositor. Un ejemplo que deja ver claro este punto es el de Sherry

Lansing[7], quien dirigió la compañía productora de cine *Paramount*. En su periodo de dirección logró firmar películas de gran éxito taquillero como lo es *Forrest Gump, Titanic* y *Corazón valiente*. Repentinamente, y luego de siete años de éxito con Paramount, las películas producidas por la compañía tuvieron una caída en taquillas considerable, por lo que fue despedida finalmente, en palabras de Leonard Mlodinow, por *la mala compresión de la aleatoriedad por parte de la industria*, más que por mala tomas de decisiones. Lo curioso del caso es que, para el año siguiente que Lansing dejara la compañía, fue el mejor de la década para Paramount, con estreno de películas como *La guerra de los mundos* y *Golpe Bajo*, películas que estaban en proyecto cuando ella se marchó. Un caso de claro de la *regresión a la media*, la cual nos dice que, dada una serie de eventos al azar, ante la ocurrencia de un suceso *extraordinario*, el siguiente evento, por leyes del azar, será más próximo a la media, esto es, al promedio de eventos observados [9].

Ahora bien, una vez considerados los fundamentos teóricos, se procede al desarrollo del proyecto.

Desarrollo

Para el desarrollo de este proyecto, se entrevistó a Rubén Erasmo Valdovinos Cisneros, compositor y vocalista del grupo Vaqueros Mx, quien fue de ayuda en el proyecto para proponer un el sistema que ayuda a componer una canción y conocer el curso tendente que llevará una canción respecto con su aceptación de un público. Se propone que la metodología a seguir para el curso del desarrollo sistema sea RUP.

De la *ingeniería de requerimientos*, se deriva el *caso de uso principal*, con el cual podemos conocer a todos los *actores* involucrados interactuando con el sistema y *escenarios* posibles. Proponemos el caso de uso dado por la **figura 3.**

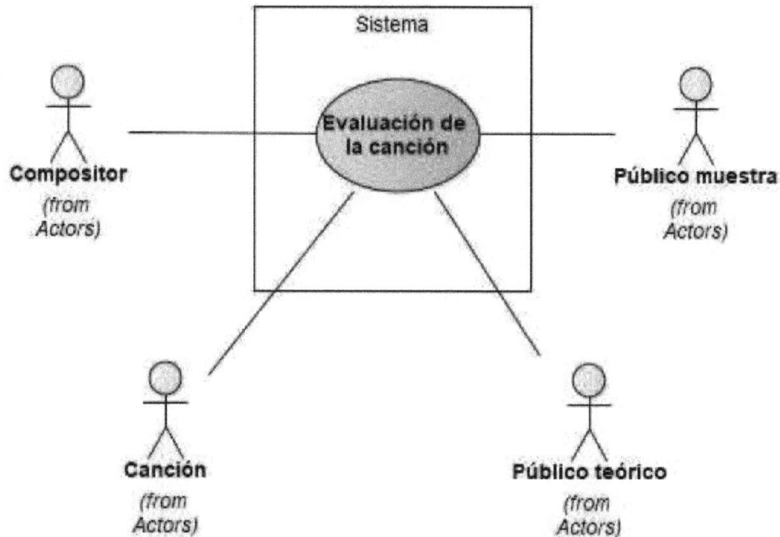

Figura 3. Caso de uso principal. Se observa a los actores interactuando con el sistema.

Se observa que existen cuatro actores (objetos con comportamiento con el sistema) interactuando con el sistema. Primero se considera a el *compositor*, quien es el propone la composición de una canción, somete a evaluación su creación y consulta el resultado de los procesos de evaluación. Se propone la evaluación de un prototipo de una canción que un compositor haga, consista en dos partes: un *público teórico* y un *público muestra*, cada uno parte de una de las dos etapas de evaluación; la primera etapa de la evaluación del prototipo de una canción se hace mediante teorías de las probabilidades y leyes del azar; la siguiente, una evaluación por parte de una muestra del público general, esto es, un conjunto de evaluadores que puedan acceder a escuchar la pieza musical y emitir su opinión.

Obsérvese que la pieza musical pasa por una serie de *estados*, por lo que se puede representar cada uno de estos en un autómata llamado *diagrama de estados* (**figura 4**).

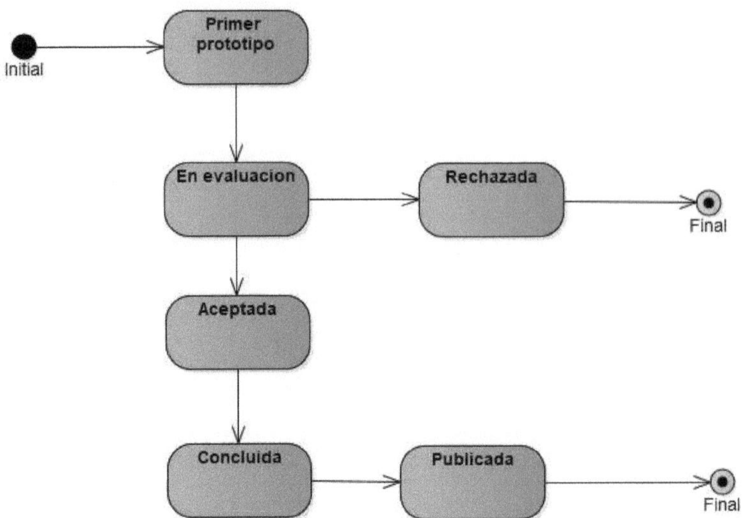

Figura 4. Diagrama de estados por los que pasa la canción

Se procede a explicar cada etapa desglosando el caso de uso principal.

Caso de uso Composición de la canción.

El caso de uso comienza cuando el músico propone la composición de una canción. En este caso, el *actor principal* —el compositor o músico— interactúa con el sistema. Sobre la canción (el otro actor de este caso de uso), se va agregando una serie de recomendaciones que ayuden a combinar *tonos* yendo sobre una *escala*. En cuanto a la letra, de la entrevista realizada con el compositor que comparte sus requerimientos, se sugiere que la composición de la letra de la canción, se proponga la palabra siguiente considerando la última palabra escrita, siempre que sea acorde a la gramática o el contexto utilizado en la palabra actual.

Ahora bien, implementando esto en el sistema, la interacción de las partes involucradas en el caso de uso se puede representar gráficamente con la **figura 5**, en el *diagrama de secuencia*.

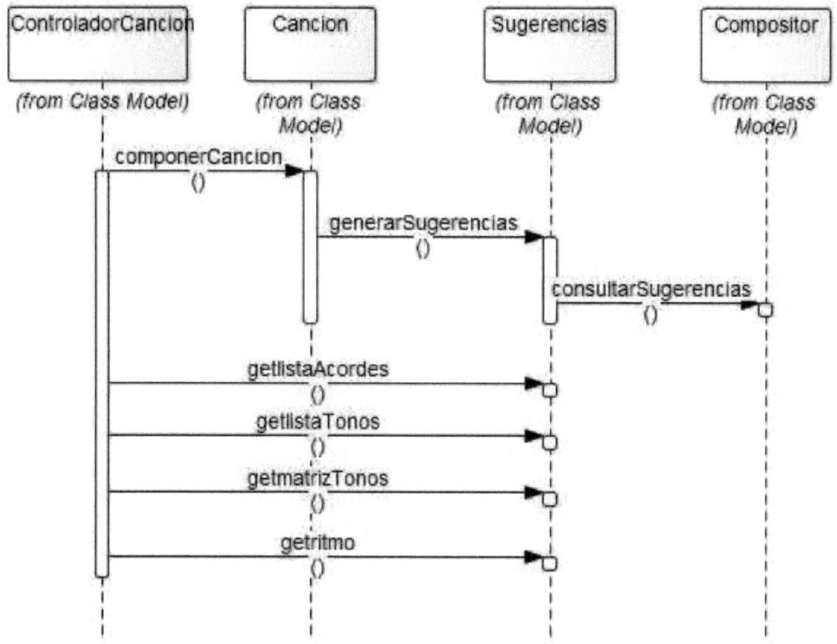

Figura 5. Diagrama de secuencia del caso de uso *Composición de la canción*.

La figura ilustra que hay un *patrón de diseño* llamado "ControladorCanción", que asigna tareas a cada clase del modelo UML. A esta arquitectura se le conoce como *controlador vista del modelo (CVM),* la cual desacopla la interfaz de usuario de las funciones del sistema y se puede utilizar en toda aplicación interactiva [1]. Conceptualmente en una aplicación WEB, el patrón de arquitectura CMV se considera en la **figura 6.**

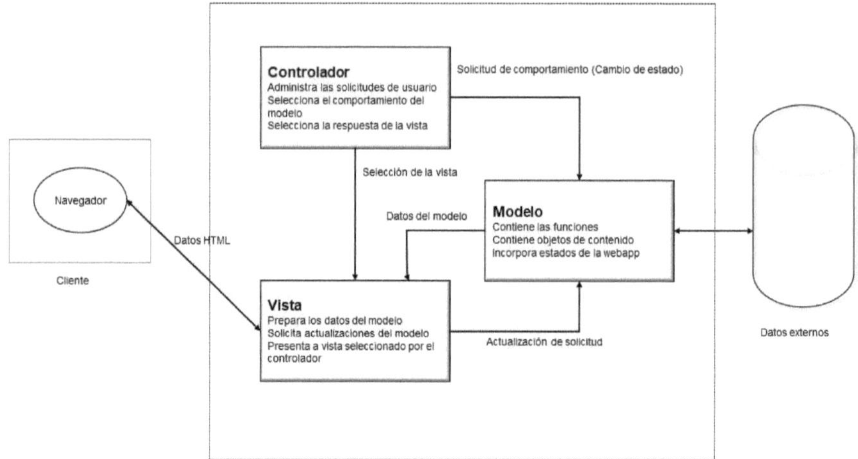

Figura 6. Modelo vista controlador.

El controlador es quien maneja los eventos del sistema realizador por el usuario y selecciona el objeto que responda a la solicitud del usuario. En la figura 5, asigna la responsabilidad a cada clase de regresar al compositor lo que solicitó para aplicarlo a la canción.

Una vez que el usuario o el músico termina el primer prototipo de su composición, el decidirá si somete a evaluar su creación o simplemente va a concluir de componer la pieza para grabar y llegar al estado *Publicada* representado en el diagrama de la figura 4.

Caso de uso Predicción probabilística.

Concluida la etapa relativa al proceso creativo, es en este punto donde se aplican las leyes revisadas anteriormente (*Ibidem* I. Introducción) sobre las leyes de la probabilidad y del azar.

Para este caso de uso, los tres actores involucrados son: el *compositor, el público teórico* y la *canción*. En este caso, el público teórico es la parte del sistema que hace la primera aproximación de que tan aceptada va a ser la pieza musical: se tiene entonces la entropía promedio de la canción, y se compara con la entropía de las canciones de la lista *500 greatest songs of all time*, para conocer probabilísticamente que tan aceptada va a ser según las estadísticas que considera el sistema. Se propone entonces que, la interacción entre los elementos del sistema quede denotado por el diagrama de la **figura 7.**

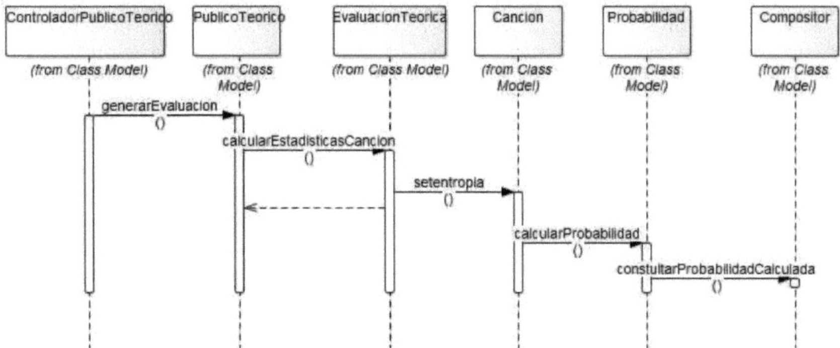

Figura 7. Diagrama de secuencia del caso de uso *Predicción probabilística*.

Se aplica el patrón de arquitectura del caso de uso anterior, pero ahora al solicitarse, por parte del músico una primera evaluación teórica, se asignan tareas a las clases que contienen los métodos necesarios para traer recuperar la información, calcular las probabilidades y finalmente mostrar al compositor una aproximación.

El caso de uso termina entonces, cuando se conoce esa probabilidad teórica.

Caso de uso Evaluación muestral

Ahora bien, la siguiente etapa de la evaluación, consiste en compartir la pieza musical con un conjunto de evaluadores conseguidos al azar, llamados *público muestral*. Cada evaluador de la muestra deberá registrarse en el sistema, para considerar su edad. Se pone como precondición entonces que el evaluador deberá haberse dado de alta, y también cada evaluador deberá estar únicamente una vez en la muestra.

Habiendo juntado la cantidad de evaluadores necesarios para crear una muestra confiable, se calcularán ahora, las probabilidades después de las observaciones dadas. Obsérvese el siguiente diagrama de secuencia de la **figura 8**.

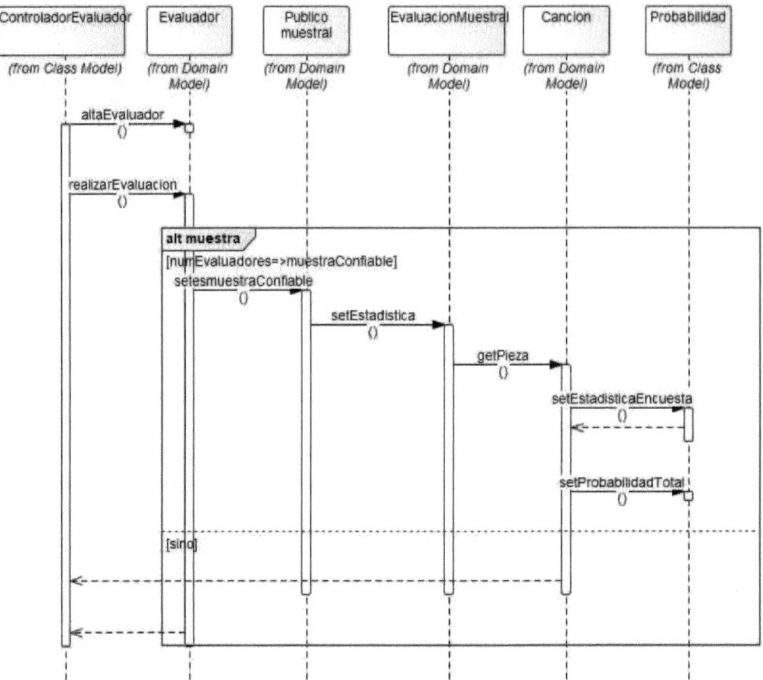

Figura 8. Diagrama de secuencia del caso de uso *Evaluación muestral.*

En la figura se observa que el controlador es quien actúa como interfaz del evaluador con la evaluación muestral, asignado tareas de almacenar la información en una base de datos.

Ahora bien, se propone que la interfaz gráfica de usuario con la que interactúe el *evaluador* sea la ilustrada en la **figura 9.a**, haciendo que las tareas generaras a partir de los eventos del sistema, sean los que se mostraron en el diagrama de secuencia mostrado arriba. Esto se logra con el controdalor "ControladorEvaluador" (**figura 9.b**) asignando a la clase correspondiente la responsabilidad de instanciar objetos, lo que en el diagrama se llama "moldeoEvaluaciónMuestral", para que la instancia pueda ser utilizada. Se sigue que tenemos el proceso completo que se genera a partir de los eventos del usuario y termina cuando se almacenan las instancias de las clases en una base de datos (**figura 9.c**).

Obsérvese que es muy clara la separación de cada una de las etapas del proceso (*el modelo, la vista y el controlador*).

Pantalla Principal
lblUsuario
txtUsuario
lblContraseña
txtContraseña
btnRegistrar
btnIniciar
Registrar
lblNombre
txtNombre
lblEdad
txtEdad
lblTelefono
txtTelefono
btnAtras
btnSiguiente
«navigate»
«navigate»
«navigate»
Muestra
lblCalificar
cmbxCancion
chbxB
chbxM
btnOtra
btnFin

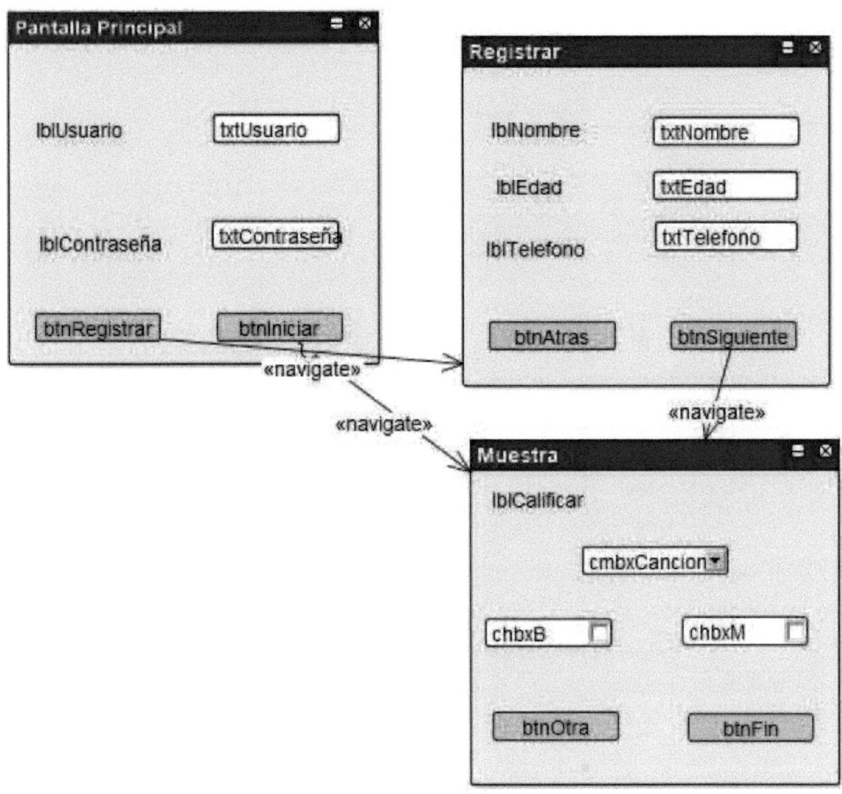

a.

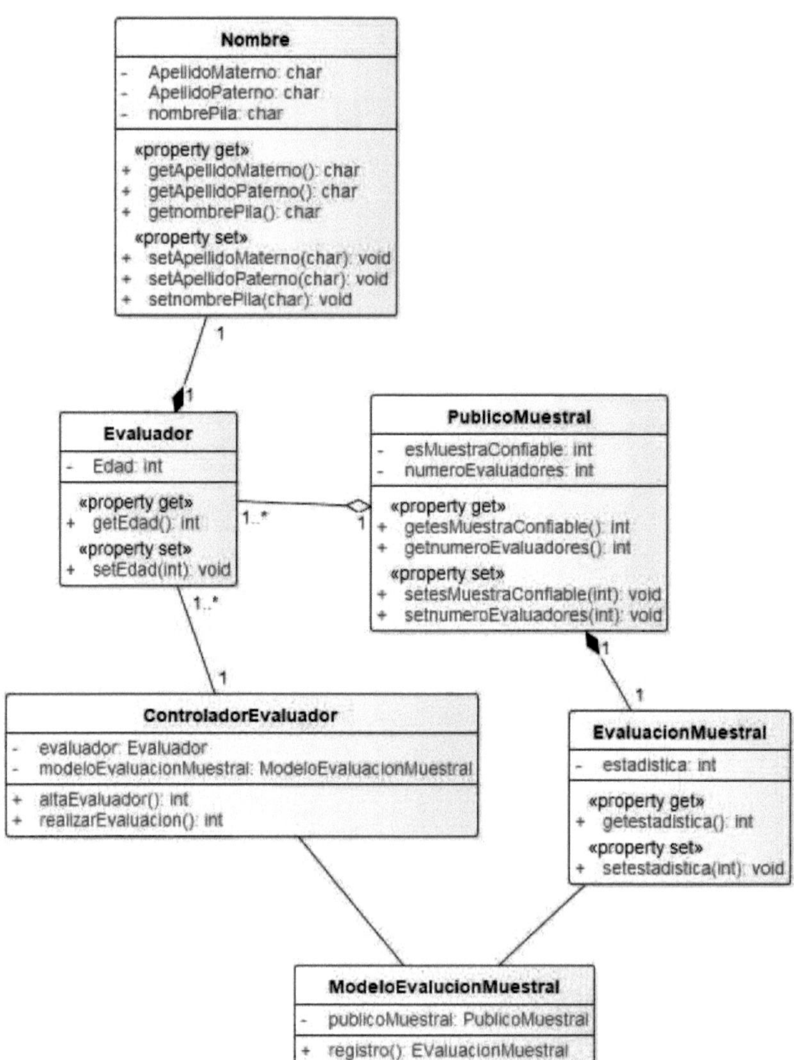

Nombre
- ApellidoMaterno: char
- ApellidoPaterno: char
- nombrePila: char
«property get»
+ getApellidoMaterno(): char
+ getApellidoPaterno(): char
+ getnombrePila(): char
«property set»
+ setApellidoMaterno(char): void
+ setApellidoPaterno(char): void
+ setnombrePila(char): void
1
1
Evaluador
- Edad: int
«property get»
+ getEdad(): int
«property set»
+ setEdad(int): void
1..*
1..*
1
PublicoMuestral
- esMuestraConfiable: int
- numeroEvaluadores: int
«property get»
+ getesMuestraConfiable(): int
+ getnumeroEvaluadores(): int
«property set»
+ setesMuestraConfiable(int): void
+ setnumeroEvaluadores(int): void
1
1
ControladorEvaluador
- evaluador: Evaluador
- modeloEvaluacionMuestral: ModeloEvaluacionMuestral
+ altaEvaluador(): int
+ realizarEvaluacion(): int
EvaluacionMuestral
- estadistica: int
«property get»
+ getestadistica(): int
«property set»
+ setestadistica(int): void
ModeloEvalucionMuestral
- publicoMuestral: PublicoMuestral
+ registro(): EVeluacionMuestral
b.

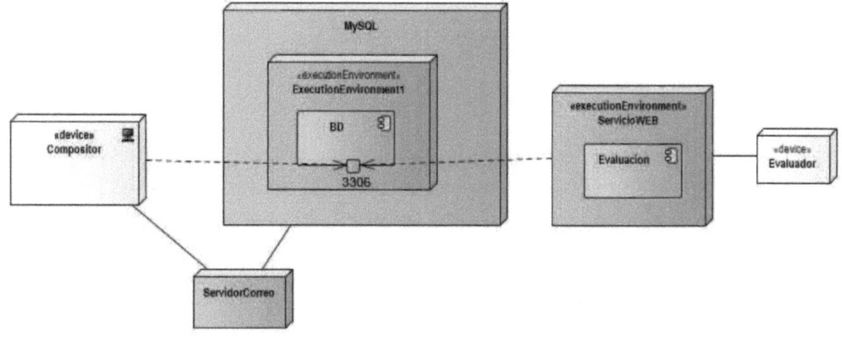

c.

Figura 9. Proceso de evaluación muestral. a) Interfaz gráfica de usuario, b) Controlador que asigna tareas después de eventos dados, c) Implementación del sistema

Con lo anterior está concluido el proceso de la evaluación para cada canción. Corresponde entonces al compositor decidir de qué manera concluir su canción, después de consultar el resultado de su evaluación de como requerimiento ni funcional, debe ser de manera entendible para un músico. En sí, este es un casi de uso, el ***caso de uso Desplegar estadística***, que quien esto escribe, no considera necesario para documentar en este documento. Una vez concluida la documentación, revisaremos resultados y avances que atañen a esta investigación.

Resultados

Se logró documentar el análisis y diseño del sistema propuesto para ayudar a resolver los problemas planteados en la introducción del escrito. Se puede hacer una comparación de los requerimientos con los resueltos en este documento. Esto deja ver que se puede proceder a la resolución del problema de manera satisfactoria, mediante la elaboración de lo anteriormente descrito. Según las etapas del desarrollo de sistemas : *análisis→ diseño→ programación→ pruebas →liberación*, quedan cubiertas las dos primeras.

Conclusiones

Se observa que la parte de la propuesta para la solución de problemas previamente identificados, pueden ser resueltos con lo anterior, y según observa, es la parte más esencial del ciclo del desarrollo de sistemas, a saber, el análisis y diseño.

Esta es una propuesta de investigación, que como se mencionó arriba (*Ibidem Introducción*), no garantiza que las probabilidades sean completamente acordes a la realidad, pues las leyes del azar pueden influir más que la capacidad del creador de música.

Lo anterior no significa que la propuesta de la resolución de problema sea un *lecho de Procusto*, propuestas forzadas para que encajen con la teoría sin ningún fundamento, ya que es común en las ciencias de la computación, varios algoritmos de predicción que consideran la entropía y teoría de la información.

Aceptamos entonces la hipótesis planteada como parte de propuesta de un sistema. Como se sabe, toda ciencia requiere de experimentación, o en algunos casos, observación pasiva para poder comprobar la validez de las teorías, pero es tema para otra investigación. Por ahora, se decide como suficiente la propuesta realizada.

El presente tratado se desarrolló para el curso Análisis y diseño de sistemas; fue supervisado por Mtro. Juan Damián Silva Galindo

Referencias

[1.]   Duffet J., 1968, *Asfixiante cultura*, (ed.) España: Del Lunar.
[2.]   Shannon C.E., 1948, *A mathematical theory of Communication,* The Bell System Technical Journal, vol. 27.
[3.]   Wiener N., 1948, *Cybernetics: Or control and communication in the animal and the machine*, Martino Fine Books, 2a. edición.
[4.]   Crosson F., Sayre J., 1971, *Filosofía y cibernética*, México: Fondo de Cultura Económica.
[5.]   Meyer L., 1956, *Emotion and meaning in music,* Universidad of Chicago Press.
[6.]   Devore J., 2012, *Probabilidad y estadística para ingeniería y ciencias*, México: Cengage Learnig.
[7.]   Mlodinow L., 2006, *Meet the Holliwood's latest genius*, Los Angeles Times Magazine.

[8.]   The Rolling Stone Magazine, 2004, *500 greatest songs of all time*, vol. 963.

[9.]   McKean K., 1985, *Decisions, decisions*, Discover Magazine,

More
Books

yes
I want morebooks!

OMNIScriptum

Printed by Books on Demand GmbH, Norderstedt / Germany